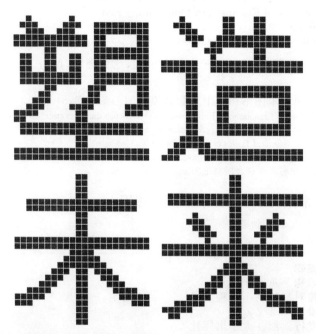

塑造未来

如何抢占未来商业版图

[美] 丹尼尔·伯勒斯（Daniel Burrus）◎著

杨建玫◎译

THE ANTICIPATORY ORGANIZATION

Turn Disruption and Change into
Opportunity and Advantage

ZHEJIANG UNIVERSITY PRESS

浙江大学出版社

图书在版编目（CIP）数据

塑造未来：如何抢占未来商业版图/（美）丹尼尔·伯勒斯著；杨建玫译.—杭州：浙江大学出版社，2019.7

书名原文：The Anticipatory Organization：Turn Disruption and Change into Opportunity and Advantage

ISBN 978-7-308-19026-8

Ⅰ.①塑… Ⅱ.①丹… ②杨… Ⅲ.①管理学 Ⅳ.①C93

中国版本图书馆 CIP 数据核字（2019）第 048781 号

The Anticipatory Organization：Turn Disruption and Change into Opportunity and Advantage

Copyright © 2017 Daniel Burrus. All rights reserved.

Published by Greenleaf Book Group LLC.

Simplified Chinese rights arranged through CA-LINK International LLC（www.ca-link.cn）.

浙江省版权局著作权合同登记图字：11-2019-37 号

塑造未来：如何抢占未来商业版图

（美）丹尼尔·伯勒斯　著

杨建玫　译

策划编辑	顾　翔
责任编辑	黄兆宁
责任校对	杨利军　程曼漫
封面设计	卓义云天
出版发行	浙江大学出版社
	（杭州市天目山路 148 号　邮政编码 310007）
	（网址：http://www.zjupress.com）
排　　版	杭州中大图文设计有限公司
印　　刷	杭州钱江彩色印务有限公司
开　　本	880mm×1230mm　1/32
印　　张	6.75
字　　数	128 千
版 印 次	2019 年 7 月第 1 版　2019 年 7 月第 1 次印刷
书　　号	ISBN 978-7-308-19026-8
定　　价	52.00 元

你将在本书中学到：

• 预测巨变及抓住改变游戏规则的机会。

• 利用具备必然性的硬趋势来推销你的想法。

• 以低风险和确定性所提供的积极塑造未来的信心，在竞争中领先。

• 在可预见的问题发生之前识别并预先解决它们。

• 基于塑造未来的硬趋势，加强个人生活与职业的关联性。

• 跳过问题和障碍，以更快的速度取得成功。

• 通过使用一套工具来帮助你练习日常创新的方法，加速整体创新。

• 利用8条通向创新的硬趋势路径，推动指数级创新。

• 基于那些塑造未来的力量提升你的未来观，并与其他人保持一致。

本书所获赞誉

如果身处商界的你从不考虑剧变,那就证明你不够投入。如果你还没读过《塑造未来》,你就不知道如何预见你道路前方的剧变。快来读读这本书吧!

——艾伦·M.韦伯,《哈佛商业评论》前执行总裁、总编,《快公司》杂志创始人之一

《塑造未来》教你在充满变数的世界里抓住定数,找到自信,从而一枝独秀、保持领先。

——杰克·坎菲尔德,超级畅销书《吸引力法则》作者、坎菲尔德培训集团首席执行官

在21世纪,企业领导只简单地应对剧变已远远不够。他们需要一套严密的方法论来预测

未来、塑造未来。《塑造未来》提供了一套引人瞩目的方法来帮助人们转变被动的心态，凭借技巧和信心积极塑造未来。

——道格拉斯·柯南特，纳贝斯克食品有限公司前总裁、金宝汤公司前总裁和前首席执行官、雅芳公司前董事长、《纽约时报》畅销书《触点》作者、柯南特领导力创始人

《塑造未来》对每一个想认真制订计划、做决定、谋发展的人来说都是一本必读书。伯勒斯给规模各异的企业准备了一个详尽的飞行计划，以助它们避开湍流、一飞冲天。

——霍华德·帕特南，美国西南航空公司前首席执行官

应对危机时化险为夷的确很重要，但提前解决可预测的问题或直接跳过它们更好。你的工作和生活能从《塑造未来》中的策略和原则里直接受益。

——芭芭拉·诺鲁，安进公司执行理事

丹尼尔·伯勒斯的新书《塑造未来》对塑造商界未来的趋势颇有见地。他描绘了一幅企业快速成长并进行创新的生动画面。这对各行各业的新兴领导者来说都是一本必读书。

——裘德·施拉姆，美国通用电气公司航空部首席信息官

《塑造未来》提供了一套强大的方法论。它让我们在这个巨变的时代能够辨别未来的趋势，并抓住重要机遇。书中的方法简单易懂，且效果非常显著。

——乔尔·多尔蒂，爱普生云/爱普生美国全球战略与企业发展部主管

自从我们公司的领导者和管理者接触到伯勒斯的"打造预见力企业模型"以后，大家处理复杂问题的能力得到明显的提高。在这个变化莫测的医疗保健业，我们广泛运用软趋势和硬趋势寻找确定性，这一过程还使我们更有把握地制订计划。《塑造未来》是每位领导者的必读书！

——罗杰·斯伯尔曼，特瑞尼特健康和梅尔西健康公司区域总裁兼首席执行官

新的剧变不断影响着各行各业。但只要有《塑造未来》一书在手，你就可以选择是当颠覆者还是被颠覆者。这是一种力量的优势，每个企业领导者都有必要读一读！

——安德鲁·维西，《布兰德季刊》创始人兼合编者

《塑造未来》教你如何根据可塑造未来的硬趋势制订计划，并快速达成目标。这本书对任何一家面临激烈竞争的企业来说都是

一本必读书。

——特里·哈尔沃森,美国国防部前首席信息官、三星电子执行副总裁

丹尼尔·伯勒斯给读者提供了一张别出心裁、另辟蹊径的线路图。《塑造未来》教你如何引领整个企业,加速日常革新和指数级创新。

——威廉姆·J.本德,美国空军中将、首席信息官

对发明家和改革者来说,寻求创新永远令人振奋。丹尼尔的新书能帮助你从现有趋势中预测出最可能发生的那个,从而让你的公司勇往直前。

——特里·琼斯,Travelocity.com 创始人、Kayak.com 董事长

未来远没有我们想象的那样不可预测。不管我们是大企业的员工,还是在一人店工作,丹尼尔·伯勒斯用简单易懂的术语告诉我们,未来的趋势是什么,怎样为之做准备。在竞争到来之前行动吧。

——约翰·R.瑞恩,创造性领导阶层中心前总裁兼首席执行官

丹尼尔·伯勒斯是我认识的最聪明、最具创新精神的人。《塑造未来》中的绝佳策略可以激励你、你的团队和你的企业阔步向前。对此阅读、探讨、运用，从中受益吧。

——尼多·R.库比恩博士，高点大学校长

《塑造未来》不只是让我们灵活应对变化，还让我们通过掌握蕴含潜在机遇的未来趋势而变得真正具备预见力。如果你想成为颠覆者而非被颠覆者，这本书就能帮你改变游戏规则。书里有真正面向未来的思维模式。喜欢上它吧！

——乔伊·海文斯，霍恩律师事务所执行合伙人

年复一年，应对剧变和变化越来越难。只要有预见力，你就能提前预测变化。这会助你把变故化为最大的竞争优势。《塑造未来》做到的不止这些。今天就开始读这本书吧！

——格雷格·卡莫，爱室丽家具公司战略、零售和销售部执行副总裁

趋势无处不在，但问题是哪些事情会发生？《塑造未来》教你分辨未来的定数——硬趋势，识别未来的变数——软趋势，并让你和你的企业勇往直前。

——乔尔·伯迪斯，美迪克斯网络公司首席执行官

在这个错综复杂、激流勇进的时代，《塑造未来》一书教人辨别趋势和发现创新的简捷方法让人耳目一新。

——德里克·A.班，注册会计师、全球特许管理会计师、克罗·奥尔瓦特律师事务所首席战略与创新官

丹尼尔·伯勒斯的新书《塑造未来》让你掌握颠覆性的工具和策略，从而让你能够利用变化，化挑战为机遇，而且保证你能主动引领未来——而非被动接受未来。

——艾伦·D.惠特曼，注册会计师、全球特许管理会计师、天职国际会计师事务所董事长兼首席执行官

通过对AO模式及方法论的学习，我们有效地培训了200多位高层领导者，因此，我们大大改善了公司的战略计划。同时，我们也加快了对特定技术和新产品的投资，这为公司带来了重要的新的竞争优势。

——吉姆·麦金太尔，空调设备制造公司总裁兼首席执行官

我们的每位合伙人都使用了书里提到的方法，这本书真的很棒，我们衷心地推荐它。这种思维的转变能使你从当前的角色转变为精英顾问，能够为客户带来巨大的价值，并极大地提高你的市场竞争力。

——伊恩·韦勒姆，海登·洛克咨询公司合伙人

这本书使我们了解了一种全新的帮助客户的方法。我们为客户培训全体员工，以帮助他们识别影响其业务或个人生活的软、硬趋势，并解决与此相关的问题。随着当今世界技术的飞速发展，AO模式为我们提供了应对变化的方法，使人们在变化发生前意识到这种巨变，并以全新的和强有力的方式帮助客户。

——艾伦·P.德利昂，德莱恩汉斯唐会计师事务所的合伙人

读这本书更像是看了许多精彩的 TED 演讲，在每段简短的演讲视频结束后，学习者将根据实际情况学会运用具体的方法。它聚焦于该如何思考而不是直接告诉你要思考什么，从而改变了你对战略和领导力的看法。你可以以一种易管理的、有意义的方式构建你所学的某些复杂的概念，用户能根据自己的实际需要进行调整。这本书带给我的共鸣远超我的期望，太棒了！

——亚当·道尔森，美国空军少校

塑造未来学习系统的魅力之处在于，它实际提供了一整套关于如何利用塑造未来的硬趋势的工具，这套工具将为你的公司和客户创造新的价值。

——丹尼尔·霍德，《今日会计》杂志总编辑

有句老生常谈说：未来只有两件事是确定的——死亡和纳税。当然，这两件事也不一定总是以这个顺序发生。

现如今，这个危险的错误想法很容易使人陷入麻烦中。我们还是直言不讳吧：正如很多新近创办的数码公司所证实的那样，飞快地朝着错误方向前进绝对不是件好事，更别提那些曾经的世界500强里早已倒闭或跌出排行榜的企业了。

未来远比你想象的更加有迹可循——这对懂得如何在不确定的世界中找到确定性的人来

说是一大优势。正在阅读这本书的你已经先人一步,因为书中就有更加快捷有效地打造预见力企业的方式。对此我甚感欣慰。

编写此书的灵感来源于那些受益于采用"打造预见力企业模型"的公司。此书将给你提供一种基于预测未来的全新思维模式、规划策略、创新方法和行动方案,即"打造预见力企业模型"。

学会这个广受赞誉的"打造预见力企业模型"后,你将学会如何分析和识别那些足以引发未来巨变的形势和关键因素。从此你将能根据时局精准计划,巧妙地把握未来的无数机会,从而把即将发生的问题扼杀在摇篮中。

数字化变革把我们划分成两个阵营——颠覆者和被颠覆者。打造预见力企业模型将给你提供一种选择! 未来一定会被颠覆,但是,当你学过此模型后,你将学会预测未来,并选择使自己成为颠覆者还是被颠覆者。

你要做的远不只灵活应变

一直以来,企业不论类型和大小,都依赖于快速应对挑战、市场需求等变化的能力。这就是我们常说的灵活应变力。

灵活应变非常重要,但仅仅具备这项能力还远远不够。我们生活在一个日新月异的时代,每天发生的变化不再是简单的量变,而是彻底的颠覆性的质变。革命性技术和企业理念所提供的传统运营体系和思维模式已无足轻重,甚至逐渐被时代无情淘汰。

如果你和你的企业想从容应对这种巨变,那么你是想仅仅尽快根据变化做出反应呢,还是打算充分利用这个宝贵机遇来提前预测变化,并制订出详尽计划呢?

新模式的必要性

短短几年内,全球 90％的人口已经被移动宽带网络覆盖,70％的人口使用智能手机。人们使用智能手机和互联网的频次和时间的爆炸性增长足以说明我们正在经历的变化之大——这种变化速度在未来只会呈指数级增长。这不单单意味着我们要发现机会、抓住机会。因为巨变还带来了不少问题,而且问题往往比机会更早出现。那么此时你能够明哲保身、逃过一劫吗? 还顾得上利用巨变带来的机会吗?

很明显,一个新的模型是必要的——一个基于预期,而不仅仅是快速反应的新模型呼之欲出。

正如本书将要讨论的那样,一个有预见力的企业将会使用可预测的硬趋势来预测企业的终止、存在的问题和产业转移的机会,并利用这些硬趋势将企业的终止和变化转变为有利的机会和优势。通过学习区分未来的定数(硬趋势)和未来的变数(软趋势),企业家将使用有力的工具来制订计划并加快步伐,从而扭转局势,大获成功。

那么，我们能预测一切吗？当然不能。但是，我们可以通过大量预测在未来站稳脚跟。你只要改变思维方式，就可以改变你所做事情的结果。

此模式适用于所有人

虽然此书名为"塑造未来"，但不要以为它仅仅关乎集团公司。打造预见力企业模型不仅适用于大企业，对个体企业、小企业也同样适用。此外，企业内的所有员工同样可以使用书中的预见力策略和技巧来打造出富有创新性、共赢的环境，建立具有充足信心和高瞻精神的企业文化。

这就是我为正在阅读此书的你感到如此兴奋的原因。这不仅意味着你和我一样热衷于塑造一个积极的未来，同时还印证了你渴望规划未来的巨大决心。

同样，我也为有兴趣探索我的理论成果的你们而感到高兴。我认为，懂得预测未来的企业将能够在变化无常的世界里辨别机遇、抓住机遇。这本书将告诉你如何打造出这样一家领军企业。

目　录

洞察先机,改变计划

变革创新:进一步把握未来的重要原则

加速成功：与客户和合作伙伴紧密相依

塑造未来：做未来的主导者

附录 1　已被证实的塑造未来的 25 条策略

附录 2　原则和关键术语的定义

致　谢

作者简介

塑
造
未
来

如
何
抢
占
未
来
商
业
版
图

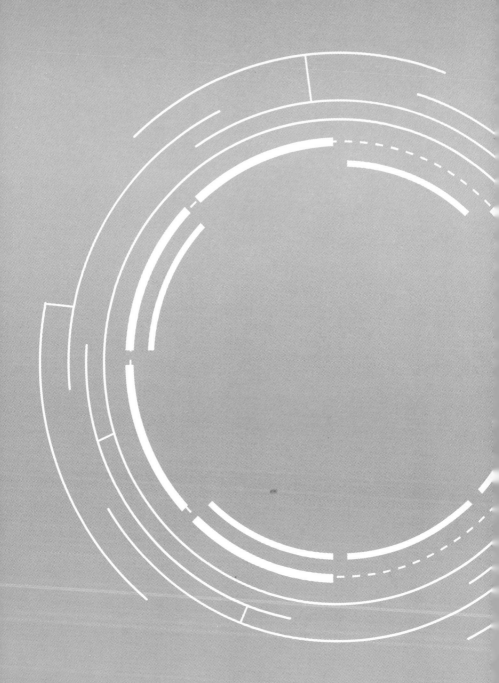

The Anticipatory Organization

Turn Disruption and Change

into Opportunity and Advantage

第一部分

洞察先机，改变计划

第一章　未来并非不可预测

短短 10 年里,苹果公司已售出 10 亿部 iPhone,由它们拍摄出的照片比世界上任何一个品牌的相机都要多。佳能(Canon)、尼康(Nikon)和奥林巴斯(Olympus)绝对没有料想到这个结果。

你的企业能够发现这场颠覆性变革中这些公司错过的东西吗？你能制订出一个从巨变中获利的计划吗？

优步(Uber)本身并没有一辆车,它是怎么设计出革命性的叫车服务的呢？奈飞(Netflix)不曾开设一家电影院,它是怎么成为全球最大的在线影片租赁提供商的呢？脸谱网(Facebook)上没有一丁点原创内容,那马克·扎克伯格(Mark Zuckerberg)又为什么有信心拒绝雅虎(Yahoo)以 10 亿美元收购脸谱网的提议,并把它发展成世界流行的社交网站呢？

为什么出租车司机没能想出优步的经营模式？为什么诸如万豪(Marriott)、希尔顿(Hilton)之类的酒店巨头没有提出像爱彼迎(Airbnb)那样价值 10 亿美元的设想？到底是什么方法使那些颠覆性的革新变得不仅可能,而且可行?你的企业是否知道它是什么?知道如何像优步、奈飞和脸谱网那样以相对较低的风险引领颠覆性的创新革命吗?

那么你到底缺少什么能力?

在提出这个问题之前,谈论某些传统能力是必要的。许多人认为,这些能力对企业的成功和业绩的增长至关重要——执行力、精益的运营力和努力实现零缺陷的管理力等。值得一提的是,最新提出的重要能力是灵活应对力:在努力应对日益增长的社会变化的步伐时,比竞争对手更快的反应能力就是制胜的法宝。

奈飞公司通过给其客户邮寄DVD的高超策略打败了竞争对手百视达(Blockbuster)①。但是如果奈飞公司继续这样做,它将会错过更大的发展机遇——媒体视频。奈飞高水平的执行能力能让它发现这个绝佳的机会并对此做出反应吗?答案是否定的。因为有能力使行业重新洗牌的企业并不依赖其他企业的传统策略和能力。

大大小小的公司已经使整个行业发展出一种其他行业所"缺失的能力",即以非凡的精准性预测未来,靠坚定的信心制订计划以推动指数级增长,并在这个不确定性占主导地位的世界里,以更

塑造未来
如何抢占未来商业版图

---

① 百视达是一家美国家庭影视娱乐供应商,最初只是出租录像带,后来发展到了流媒体、随选视讯和影院等行业。在其2004年发展高峰时段,拥有超过6万名员工和9000家商店。——译者注

低的风险和更高的确定性来推动颠覆性的创新革命。

普遍缺失的能力——预见力

扪心自问：

• 试想，如果你能够事先预见巨变，并在你的工作、公司甚至整个行业被波及前事先做准备，那么结果会是怎样的？

• 如果你能更有把握，并冒更低的风险来加快创新，那么结果会是怎样的？

• 如果你能预见问题，并提前解决问题，那么结果会是怎样的？

• 如果你能建立一种日益创新的企业文化，那么结果会是怎样的？

找到以上问题的答案会给你自身及职场带来优势吗？答案显然是肯定的。谁不想牢牢抓住机会大放异彩？谁都不想面对巨变手足无措，束手就擒！

你可以学习怎样精准地预测未来以降低制订计划的风险，并提高对决策的把握能力。除此之外，预见力思维的学习还能提升你已经掌握的技能和能力。请思考以下问题：

• 预见和预先解决问题的能力会大幅度提高你的学习积极性吗？

• 高水平精准预测未来，会让你的企业对市场更加敏锐变通吗？

• 预测客户远期需求的能力，会使你随时随地提高产品和服务的质量与保障水平吗？

• 预先解决产品问题会促进企业的不懈努力吗？

很多人错把预测未来的能力当作偶然的突发奇想，他们认为只有像马克·扎克伯格和史蒂夫·乔布斯(Steve Jobs)这样极少数的幸运儿才能奇迹般地感受到预测的新奇体验。或许你就是这么想的："我既不是杰夫·贝佐斯(Jeff Bezos)，也不是马克·扎克伯格，我只不过是一个老老实实的生意人。我想不出他们所想的，那些预测未来的事只是灵光一现。"

对于这种想法，我想说的是："这么想你就错了。事实上，你能在优步上叫到车，并前往在爱彼迎上预订的房间享受一个晚上，就足以反驳只有一小部分人才能预测未来的论调。其实你也能，只要你知道怎么做。"

本书旨在分享我帮助全球各大名企首席执行官和业界领袖化挑战为机遇的经历，这一过程就叫作"打造预见力企业模型"(简称AO模式)。我将从分析原因入手，教你如何一步步创造企业的美好未来。

千里之行，始于足下

我们生活在一个数字化变革加速发展的时代，每天发生的改变并非微不足道，而是颠覆性的。在这场巨变中，原先45度的缓坡已经在变革的作用下突然变成了垂直的90度陡坡。不幸的是，我们在通往终点的路上往往会被这种突发事件的烟幕弹所迷惑。传统的经营模式和思维方式正变得无关紧要，甚至终将被淘汰。不仅如此，这些颠覆性的巨变都已开始，而我们还停留在起点不知所措。

好在本书介绍的打造预见力企业模型将为你揭开重重迷雾，并发现大多数人都容易错过的机会。

想想看，拉链发明32年后，这项技术才得以应用，才出现了带拉链的服装；电视机则花费了29年的时间才从一项发明演变成一款商品；而收音机的面世也花费了10年时间……以上就是科技驱动下产品从诞生到更新换代的例子。当然，在那个年代，这一过程是如此缓慢，以至于简单应对这种演变已经足矣。但是在当下这个大变革的时代，情况则大不相同。

现今，这种龟速的演变模式早已销声匿迹，取而代之的是翻天覆地的大巨变。而这种无时无刻不在发生的变化正深刻影响着全世界。需要证据吗？2015年，我在多伦多参加了一场200人的聚会，还享用了一顿大餐。这场宴会的主厨非常特别，它叫沃森

（Watson），是国际商业机器公司（IBM）的超级认知型计算机系统。

为了调和众口，沃森翻阅了 100 多万本菜谱，更重要的是，它完全掌握了所有描述过味觉、嗅觉的参考资料。猜猜看沃森完成这项工作需要多长时间？仅仅 1 秒！况且这还是几年前的事了。毫无疑问，如果现在让沃森做这件事，它所需的时间将远远小于 1 秒。

想知道像沃森这样的机器人对你的企业还有什么益处吗？它能做的绝不只是烹饪。一年后，我在集审计、税务、咨询等服务于一身的毕马威会计师事务所（KPMG LLP）的合伙人年会上做了一场演讲，分享了我在多伦多的经历。当时我建议该公司学习整个税法并以各种创新方式使用它，将沃森机器人应用于审计和税务领域。这将会使毕马威公司对客户的服务全面升级。如果他们公司不这么做，其他公司也会这么做。现如今，毕马威公司正在执行这一计划，利用沃森的认知能力来分析、解释大量的财务和税收数据，而这对人类来说几乎是一项无法完成的任务。

沃森只是我们正在经历的爆炸性变革和创新事件中的一例。以往的变化是周期性的，就像不停摆动的钟摆。而现在的变化往往是线性的，即便是微小的单向变动也能掀起轩然大波，而且一旦发生就一发不可收。虽然你我家中都没有价值几百万的超级计算机，但是你可以通过智能手机和平板电脑上的搜索引擎，或向苹果智能语音助手（Siri）①、谷歌即时（Google Now）②和亚历克萨（Alexa）③提问来随时使用人工智能技术。有了这样一台超级计算机，线性、扁平、单向的变化会变成指数级变化。

除此之外，当下颠覆性变革的始作俑者往往出人意料，毫不起眼，无论是来自偏远地区、试图以一己之力攻破政府或企业防火墙的黑客，还是设计出使整个行业为之一震的移动应用的学生仔。英雄不问出处，变革应运而生。借用《经济学人》（The Economist）里的话说就是：后起之秀大有征服世界之势。他们不仅可以从如Kickstarter④这样的众筹平台集资上百块来雇用 Upwork⑤上的程序员，还能借用亚马逊（Amazon）的计算机处理能力在阿里巴巴

---

① Siri 是苹果公司在其产品 iPhone 4s、iPad 3 及以上型号的手机和平板电脑等设备上应用的一项智能语音控制功能。Siri 可以令 iPhone 4s 及以上手机（iPad 3 以上平板）变身为一台智能化机器人，利用 Siri 用户可以通过手机读短信、介绍餐厅、询问天气、语音设置闹钟等。——译者注

② Google Now 是谷歌在 I/O 开发者大会上随安卓 4.1 系统同时推出的一款应用程序。它会全面了解你的各种习惯和正在进行的动作，并利用它所了解的来为你提供相关信息。——译者注

③ Alexa 是预装在亚马逊 Echo 内的个人虚拟助手，可以接收相应语音命令，被看作是亚马逊版的 Siri 语音助手。Echo 是智能家居的控制装置，同时也是一款便携式扬声器。——译者注

④ Kickstarter 是一个专为具有创意方案的企业筹资的众筹网站平台，于2009 年 4 月在美国纽约成立。2015 年 9 月 22 日，该平台宣布重新改组为"公益公司"。创始人称不追求将公司出售或上市。——译者注

⑤ Upwork 是一个自由职业和远程工作的交流平台，全称为 Upwork 全球公司，位于美国加利福尼亚州的山景城和洛杉矶。——译者注

(Alibaba)上找到制造商生产设备，最后用 Square^① 对他们发放酬劳。

其实你也可以成为一名弄潮儿。只要利用周期性变化和单向线性变化的可预测性，你就能更加精准地预测未来。我们所处的这个时代充满了大量机遇和挑战，这些机遇和挑战几乎一夜之间就能扰乱你的行业、商业或事业。

陷入困境，绝地反击

作为一名创新专家和专业未来学家，我与各种代理公司和组织、政府有密切合作的机会。许多规模庞大、资源雄厚的产业巨头不止一次向我抱怨说，自己跟不上时代潮流，尽管他们也曾风光无限。

以高水平执行力著称的戴尔（Dell）曾经是全球首屈一指的计算机公司，但是它因为错过了发展移动终端的风潮而从此一蹶不振。消费者和整个行业开始追求智能手机、平板电脑和穿戴式智能设备，于是曾经作为企业核心的个人电脑、笔记本电脑和上网本业务日益萧条。

---

① Square 是美国一家移动支付公司，其创始人是 Jack Dorse。用户（消费者和商家）利用 Square 提供的移动读卡器，配合智能手机，可以在网络状态下刷卡消费。——译者注

惠普（Hewlett-Packard）的经历与戴尔如出一辙。过去几年里，除了日益衰落的个人电脑和打印机业务，云技术（一种基于互联网的远程存储、管理和处理数据的服务）的发展也给惠普的数据中心设备业务一记重创。现如今戴尔和惠普都奋起直追，但由于颠覆性变革的巨轮不止，它们的追赶之路只会越走越长。

在手机领域，摩托罗拉（Motorola）曾是一个响当当的品牌。早在 20 世纪 80 年代初，摩托罗拉就发明了移动电话，并在 1996 年生产出世界上第一部翻盖手机——StarTAC。它首先大幅度缩小了手机的尺寸，但就像其他行业的先驱那样，如今摩托罗拉已风光不再。

产业并没有垄断，竞争只为生存

世界各国政府的反应更加缓慢。例如，2015 年以亚马逊为首的几家企业开始使用无人机向全方位的送货服务迈进。在一些重要问题上，美国联邦政府仅仅草草制定了相关安全法规，之后再无其他动作。直到 2016 年年初，唯一实行的规定是对申请牌照的无人机做了最小尺寸和最轻重量的限制（可事实上，大如飞机、小如蚊子的无人机早已面世）。那么，美国政府为什么还要这么做呢？只是为了便于在事故发生后根据无人机的大小快速判断是谁的无人机出现了事故。

尽管这项法规很有用，但也不能掩饰一个尴尬的现实：日新月异的变化再加上手足无措的反应，真可谓祸不单行。

索尼（Sony）和黑莓（BlackBerry）也遭遇了类似的困境。尽管这两家企业向来擅长化险为夷，但它们也在这个爆炸性的变革新时代举步维艰。让我们回顾一下第一款 iPhone 发布的时候吧。当时媒体问黑莓首席执行官，第一代苹果手机的出现会不会对黑莓造成威胁，他底气十足地反问道：谁会愿意在手机上看视频呢？

作为昔日的科技公司标杆，2007 年黑莓公司的股价一度飙升到每股 230 美元。而到了 2016 年 12 月，其股价始终围绕 7.25 美元波动，这点钱只能买一个普普通通的披萨。

我举出的例子仅是冰山一角，可想而知还有多少家企业严重低估了预见力的重要作用。预见力可使你提前预见挑战和变故，从而根据其确定性更有信心地制订计划。当你发现传统企业变得循规蹈矩、它们的能力变得分文不值时，你就明白预测未来是多么至关重要了。

一个危险的错误观念

我们在讨论预见力时不能忽视一个非常危险的错误观念。有种陈词滥调说，未来只有两件事是确定的——死亡和纳税。换句话说就是：除了这两个陈旧的话题，未来究竟如何，我们不得而知。

这种带有怀疑性的言论总是不绝于耳。即便是思想开明、善于听谏纳言的人，这种认为未来不可预测的想法也在他们的脑海中根深蒂固。

对此，我想说："你今年过新年了吗？你知道下一个新年什么时候到来吗？"你当然知道。"你知道你每年什么时候纳税吗？"这你也知道，而且还提前做了准备。"科学家能提前几年预测出月亮的盈亏吗？"显然他们可以。

上述例子凸显出一个现有的矛盾——一方面我们否认未来的可预测性，另一方面又一直靠预测未来行事。其实世界上成百上千的事都可以被丝毫不差地预测出来。只要你稍作思考，除了我刚才提到的例子之外，你还能再举出几十个例子。（毫不夸张地说，在商业、气候、生物及贸易领域约有 500 条已知的规律。它们循环往复，完全有迹可循。）

认为未来不可预测的想法是极其错误、危险的。这种观念不仅使我们的视野受限，还阻碍我们洞察先机，更与我们要做的事背道而驰。

有策略地洞察先机

当今世界充满了不确定性。从全球性气候变暖到经济动荡不安,再到可能没有充足的退休金来安享晚年的老龄化人口,这些问题让未来更加捉摸不透。面对虚无缥缈的未来,我们不得不问:"未来到底什么是确定的?"不管何时提出这个问题,本书介绍的AO模式都将为你一一解答(见图1)。

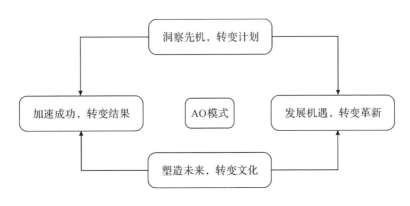

图 1 打造预见力企业模型

AO模式将帮你精准地预测未来,从而更有把握地做出决策,更加自信地制订计划。它将提供一种变革性的趋势分析法,来帮助你预测未来的变故、问题和客户需求。更重要的是,它还能帮你发现难得一遇的绝佳机会,从而在巨变到来时承担更低的风险。AO模式能把企业中消极应对外界变化的被动心态转变为积极预测未来并塑造未来的主动心理。

这就得从洞察先机的诀窍和软、硬趋势的概念说起。

第二章　辨别未来发展的定数与可能性

既然我们余生都将生活在未来世界中,而且这是个不可改变的既定现实,那我们为何不花点时间和精力去预测未来呢? 相悖于未来不可预期的流行观点,只要你掌握要领,预测未来也并非不可能。

这一切都要从理解软趋势和硬趋势的区别开始。

软、硬趋势的概念基于 30 余年研究分析的结果,是 AO 模式的核心要素。认识并区分软、硬趋势具有重要的战略意义。它不仅能让你更加准确地预测未来,还能让你加速创新发展,并高效管控风险,从而积极地塑造未来。

> "试想,如果你能大体精准地预见未来,将会对你的个人及职业生涯带来巨大优势吗? 答案不言而喻。"

硬趋势

硬趋势是未来的定数，它的确定性极高。不管你是苹果公司或谷歌公司这样的业界大亨，抑或是总统或首相，硬趋势一定会发生。硬趋势势不可挡，有几个方法可以对它们进行预测。

硬趋势可分为三大类：

• **科技导向类**。当下，虚拟化技术、流动性趋势、数据分析法、人工智能、云技术和社交网络技术方兴未艾，基因学也会继续被广泛应用于各种医疗设备。它们就是硬趋势快速发展的例子。它们的出现并非昙花一现，其演进只会愈演愈烈。

• **人口统计导向类**。美国婴儿潮世代出生的婴儿数量超过7590万。可以肯定的是，这些人早已青春不再，他们只会悄然老去——这就是一种硬趋势。随着他们的衰老，我们能预测大量可能出现的问题和机遇。例如，他们中的一部分人会需要个性化的换膝手术和抗老化药物来延缓衰老。

• **政策导向类**。不论哪个国家的领导人，也不论其主张如何，未来我们都将受到政策的管控——只多不少。这一情况适用于所有国家，日渐增多的有关网络安全和无人驾驶汽车的法律法规就是最好的例证。

每当我做一场关于此话题的主题演讲时，我就能从每一位听众身上总结出一项硬趋势，并发现它蕴含的机会。以往十多年间，我在世界各地做过演讲，从而获悉了数以万计的硬趋势机会——我敢保证还有成千上万的机会没有算在内。因为所有听众都是业界高管，他们的决策又会影响到更多人。这些硬趋势一旦应验，就会对每个行业、组织或个人产生影响。

就拿我自己来说，我一有时间就用硬趋势推测未来会发生什么。我们需要面对这样的现实：不能预测未来的人将被迫消极地应对变故，久而久之，随着变化的演进，这些人只会愈加落后。历史表明，这绝不会带来好的结果。

但是，对于懂得如何预测未来变故、挑战和机会的人来说，这一过程蕴含着巨大的未知机遇，抓准它便能积极地塑造未来。通过学习如何分辨出硬趋势，你将会更有把握地制订计划，并且自信地阔步向前。你甚至有可能成为颠覆者。利用好了硬趋势，你就可以以低风险领先竞争对手，换句话说，你就能毫不费力地独占鳌头。

识别出周期性变化也很重要。跟硬趋势一样，你也能利用成百上千的周期性变化来精准地预测未来，包括季节性变化、经济大势更迭和生物演变。其重复性的特点源于它的定义和功能。

与周期性变化不同，线性变化和指数级变化都是单向且不可逆的。比如你一旦开始用智能手机，就绝不可能回到"大哥大"时代。

硬趋势终将完全取代周期性变化，理解这一点将受益无穷。

想想果蔬的生产周期吧。过去人们常说某种水果或蔬菜不应季，例如，在冬天吃不到番茄。但现今发达的物流业使世界各地的各种产品都能全年供应，货物在几个小时内就被运往世界各地，这都得益于科技创新带来的巨大变化。除此之外，垂直农场（利用大型建筑里的垂直堆叠层种植农产品）的出现统一了各种果蔬的成熟时间。这是一种早期的硬趋势，它打破了以往人们普遍认可的农作物季节性规律。

同时，转变对硬趋势的态度也很重要。有些不可避免的硬趋势很有可能不受欢迎，比如我刚才提到的，在未来几年，政府的监管将会越来越多。因为政府管控会让未来世界的局势更加紧张，所以我们的自主权也会越来越少，对很多人来说，这是一件令人沮丧甚至恼怒，但未来确定会发生的事情。

但是，对于那些能够预测未来、志在成为颠覆者的人来说，他们就能把来者不善的硬趋势转化为优势。例如，美国政府一直要求医院使用电子病历，这就是一个不可反转的硬趋势。对大多数人来说，办理电子病历费钱费时。但是，请记住，办事效率体现在你怎么做，而非做什么。很多设计电子病历软件的公司并不知道这一事件还蕴藏着巨大的机遇。

这项硬趋势因政府法规而产生，它所带来的机会难得一遇。只要花上一点时间悉心研究，小企业也能抓住这个价值数十亿美元的大好时机。由此可见，在一些人对硬趋势大动肝火的同时，另一些人则能够预测到它的到来，并大赚一笔。

所以对硬趋势的态度取决于你自己：你是对它置之不理、束手无策，还是借此东风见机行事？

还有一些硬趋势的例子：

· 广泛应用的商业手机应用程序，包括采购、供应链、物流、客服、维修和售后服务等。

· 越来越多地使用用于远程医疗诊断和慢性病监控的穿戴式智能医疗设备。

· 房地产行业中广泛用于协助交易的人工智能技术。

· 呈指数级发展的物联网技术和无所不在的传感器两相配合，使医院病房的大大小小事物都智能化了，包括从走廊到病房内的某一幅绘画作品。

· 越来越多的关于无人机、无人驾驶汽车和监测式穿戴智能设备的法律法规出台。

软趋势

软趋势是我们预测未来、塑造未来的又一重要因素。软趋势是未来的变数，是一种基于统计学和其他证据，看似有迹可循、实则全靠假设的推测。软趋势是有可能发生的事情。

下面是软趋势的例子：

• 当我写下这些文字时，全球股市不断变动。最近几周全球股价大幅下跌，软趋势认为，未来这种情况很可能会持续进行。但回溯历史能让我们更有远见。21世纪初，全球楼市暴跌，股市萎靡不振。银行给借贷者提供的可疑性资产更加剧了这一状况，同时这一举措还使原本就每况愈下的股市更加惨烈。那段时间不堪回首，但全球经济最终还是挺过来了。实际上，目前股市运行良好，这一状况前所未有。除此之外，楼市回暖，一些房地产专家还利用这次金融危机去赎回其他公司的抵押品。其他房地产企业关门大吉时，一些企业化险为夷，快速发展。这就是一个其他人止步不前，而你能抓住软趋势并加以利用的绝佳例子。

• 过去几十年里美国人的肥胖率居高不下。美国政府预计这股势头不会消退，到2025年，肥胖或将成为严重的社会问题。但是直线上升的肥胖率是证明软趋势可以被改变的绝佳例子。它的确有可能发生，但也不绝对。了解了这个情况以后，政府、企业及个人应该把注意力放在如何改变这一情形上，而非仅仅惊叹于软趋势成真后带来的巨大问题。

• 脸谱网是现今最主流的社交网络平台之一，预计未来10年里也会保持霸主地位。这就是软趋势，因为任何一家企业的地位都取决于其领导力和预见力。这一软趋势也同样适用于苹果等其他公司，它们将继续引领整个行业的发展。20世纪90年代末，雅虎在搜索引擎领域处于绝对领先地位，但是它却没能保住这一势头继续前进。

· 对企业来说,引进人才、留住人才只会越来越难,这又是一个软趋势。但任何一家企业或机构都能通过营造新老人才共同致力于彻底改变行业,并引发巨变的企业文化,来进行改变。

请记住,软趋势看起来似乎有理有据,并且的确往往会成真,但它终究不是未来的定数。因为软趋势由假设得出,它们很有可能稍纵即逝。我们可以假设,脸谱网会继续保持其社交媒体领域的霸主地位,也可以认为过去几十年里愿意当医生的美国人越来越少的趋势依旧。但是假设某件事是真的并不能为它多加一分确定性。

我们应当明白,软趋势由两种假设得出。我们把它们称为硬假设和软假设,其中硬假设由真实可靠的数据得出。例如,当我们拿到长期医疗费用单时,我们就会将之与以往的数据相比较,并据此判断出未来的医疗费用会呈现持续增长的趋势。尽管这是一个只要采取一定措施就可改变的软趋势,但它基于过去几年医疗费稳定上涨的事实,这就是一个硬假设,所以未来医护费用的支出很有可能持续增加。而软假设则缺少这种隐含的可量化证据,它们大多源于直觉或胆量:"我敢保证这款产品肯定会一炮而红!"

如果上面的话让你不安,也合情合理。基于软假设而得出的软趋势的不确定性更高,它应验的概率远不及基于硬假设的软趋势。如果你根据它来定计划、做决策,那么只会惹麻烦上身。例如，自平价医疗法案实施以来，有种软假设认为，将会有大量的年轻人参与其中，从而抵消老年人的高昂医疗费用。但还有一个问题：这一观点并没有充足的调查数据支持，况且还有很多软假设认为，平价医疗法案的实行也不见得是一件好事。

这自然就引发出一个新问题：既然硬趋势是大势所趋，那为什么还要费心去关注软趋势——可能会发生也可能不会发生的事情？

就我个人而言，我非常喜欢软趋势。原因何在？因为它们可任你掌控，即你可以把它们转变成优势。记得我在第一章讨论了由外向里的改变和由内而外的改变的区别：一种是消极被动地做出反应，另一种则是积极主动地引领未来。从商业角度看，软趋势甚至可以让你成为颠覆者，而不被颠覆。因为软趋势是这种变化的理想工具——能让你主导未来，而非逆来顺受。

我们再用婴儿潮的例子来解释一下。婴儿潮一代无一例外都会渐渐老去，这是硬趋势。不难想象，他们积累多年的工作经验和智慧也将随着退休而去。用软趋势来解释，就是婴儿潮一代会数以千计地陆续退休，并带走宝贵的工作经验。那么我们应该如何影响这一软趋势呢？如果你建立一个系统，通过系统把事先收集和组织的所有有价值的知识放到知识共享网络上，会怎么样呢？这就是掌控软趋势的绝佳例子。

其实只要加以辨别，我们就能利用软趋势来挖掘大量机会。

倘若有诸如退休婴儿潮人数一定会增长的硬假设支持,软趋势的潜力将更加无穷,足以让你更加自信,更有把握。

让我再举几个软趋势的例子:

- 越来越多的美国家庭会几代同堂。

- 国际市场上,中国对原材料的需求只增不减。

- 没有一个欧洲国家会沦落到违背经济条约的地步。

- 特斯拉(Tesla)将保持其在美国高端电动汽车行业里的领先地位。

- 比特币依然会是主流网络货币。

区分软、硬趋势

我们讨论过这两种不同形式的趋势后,接下来就要学会如何区分它们。别担心,这并不像看起来那么难。预见力能助你发掘巨大的颠覆性机遇,所以辨别它们至关重要。

怎么才能分清软、硬趋势呢?这里有一个对你有所帮助的实用小技巧:如果你需要花一些时间来判断一个现象是软趋势还是硬趋势,那么它就是软趋势。一般来说,硬趋势比较明显,比如人们对网络安全的需求越来越大,云服务的使用越来越多,婴儿潮一代变得越来越老,这些你都可以轻而易举地把它们与软趋势区分出来。

混淆软、硬趋势可能会造成重大损失，因而辨别它们非常重要。在对不同的观众进行演讲时，我经常引用一些误把软趋势当作硬趋势的事例。错误的判断有时会给我们带来数十亿美元的损失。你可能很熟悉下列例子：

- 房价居高不下。
- 沙特阿拉伯(Saudi Arabia)哄抬油价。
- 世界上最大的金融机构从不失手。

可以想象，把上述例子当作一定会发生的未来定数会是什么后果。实际上，这些趋势都不是完全确定的——那些把它们当作硬趋势的人就是大错特错。但是，如果错把硬趋势当作软趋势就没有那么严重了。

正如前文所说，我喜欢软趋势，因为它们可被掌控。但这两个趋势同等重要，都可以被转化为企业的自身优势，一切都取决于企业能否正确分辨软、硬趋势，以及软趋势是否以硬假设为基础。总的来说，软、硬趋势都能带来巨大机遇。

分辨软、硬趋势

分辨软、硬趋势并掌握其特点是 AO 模式的核心内容。下面这个小测试能帮助你在这个重要的领域提高辨别力。

任务一：在下列例子中，有各种趋势和发展规律，你的第一个任务是运用本章所学知识来分辨出软、硬趋势。如果是软趋势的话,你还要说出它们是由硬假设还是软假设得出的。

任务二:你要判断它们是周期性变化(如季节交替和股市波动)、线性变化(单向变化)还是指数级变化(不可逆的加速变化)。

这项练习的目的是帮助你锻炼能力,确定与预测未来相关的关键要素,它们的差异非常重要。硬趋势是基于未来的事实的:它们将会发生。软趋势是基于假设的,可能会发生。如果一个软趋势是基于一个硬假设——基础假设得到了很好的研究——它更有可能发生。如果它是基于一个软假设——潜在的假设是有道理的,或者你使用了一种"直觉"——那么它不太可能发生。软假设靠直觉和胆量,而基于软假设的软趋势则更有可能不会发生。

线性变化是单向的,指数级变化也是单向的。但指数级变化通常有倍速的演进动力和速度,并且往往会引发颠覆性的变化。

以下是习题:

示例	趋势类型	推测类型	变化类型
	硬趋势或软趋势	硬假设或软假设	周期性变化 线性变化 指数级变化
	硬趋势	不适用	线性变化

你掌握了吗？下面还有更多例子供你练习(答案见底部)。

当你在 AO 模式中获得技能时，为了进一步提高本练习的价值，你可以将它作为工作表使用。从中找出你自己的类型，并将它们分成硬趋势和软趋势(与必要时的硬假设和软假设)，以及周期性、线性或指数级变化。做的练习越多，你有效预测未来的能力就会越强，计划力就会越高，从而也就提高了你的自信心和把握未来的能力。

测验	趋势类型	推测类型	变化类型
	硬趋势或软趋势	硬假设或软假设	周期性变化线性变化指数级变化
1.各种行业愈加融合			
2.社交媒体的广泛应用			
3.肥胖率只增不减			
4.移动科技的广泛应用			
5.吸引人才愈加困难			

答案：

1.各种行业愈加融合：硬趋势，不适用，指数级变化。

2.社交媒体的广泛应用：硬趋势，不适用，指数级变化。

3.肥胖率只增不减：软趋势，硬假设，不适用。

4.移动科技的广泛应用：硬趋势，不适用，指数级变化。

5.吸引人才愈加困难：软趋势，硬假设，不适用。

我还有一个绝佳范例。最近我有幸与一些大学和学院的校长交流，他们都拿着招生统计表一筹莫展——生源量逐年减少，规模较小的院校更是如此。他们问我，怎么才能提高入学率？怎么才能与众不同？

我建议他们先来找找硬趋势。随着人们对科学技术的依赖越来越强，网络安全问题也更加突出——这就是既有挑战又有机遇的硬趋势。与此同时，逐年减少的入学人数是一个令人沮丧的软趋势。但是别忘了，这也是一个可以改变和影响的软趋势。

所以我对他们说："为什么不建设网络安全和电子数据取证的学位项目呢？如果你们能建立这个项目，吸引顶尖学者并开设前沿课程会怎么样呢？这样一来，你还担心世界各地的学生不来报考吗？"

不出所料，他们一致同意我的看法！所以我又接着说："电子数据取证课怎么样？3D打印技术课呢？还有社会企业管理课，再或者高端制造业与自动化技术课？"

答案显而易见。这些学校的生源量将大有改观，源源不断的学生将挤破头来上学。

此时，你可能会说：好了，我知道软、硬趋势不仅有助于预测未来，更重要的是还能用于积极塑造未来。我也了解到这项能力的巨大作用，它会帮我洞察先机，从而让计划制订更有把握。

但你也可能认为这些改变和颠覆往往需要漫长的等待。回过头来看我们经历过的相关突破性技术创新,如液晶电视的出现和手机的广泛使用,就能使你更好地了解这一过程。这些技术在全面普及并切实影响整个社会之前花费了许多年时间。

我听不少人这么说,当然也非常理解上述观点。因为有了前车之鉴,人们大可认为,既然过去有些事以某种形式发生过,那就完全有理由相信,将来其他类似的事件也会按此模式出现。

这听起来合乎情理,但其实却是个错误的论断。其实,发生改变往往只在一瞬间,而绝非慢速或匀速演进。此外,未来的变化不会放慢或保持这种速度,只会越来越快,甚至呈指数级加倍发展。这就需要详细讨论下一章的重点——三个数码加速器。

变化演进的速度只会越来越快,颠覆更是转瞬之间。那么问题来了:我们应该如何应对?

第三章　三个数码加速器和一个指数级巨变的转折点

你可以想象对着智能手机问此问题的情景:"语音助手,我们真的处于大变革时代吗?"

这的确是一个非常重要的问题,但是只靠用智能手机进行简单查询和处理一些问题还远远不够。例如,当你走在大街上,手里拿着一个设备,你可以向设备提出问题,而问题的答案是可以通过你的手机与云中强大的超级计算机的链接来获得的。

现在想想这一日常小事在多少年前还是异想天开的事情。

这就说明了一个毋庸置疑的现实:我们现在所处的历史阶段意义非凡。我们现在所做的事情放在几年前还不可能发生,并且根据可塑造未来的硬趋势不难推测,两年后将发生的事放到现在来看也是天方夜谭。过去的快速变化已变为翻天覆地的巨变,过去看似不可能的事如今已成为颠覆时局的关键因素。你能在第五大街和主要街道的拐角处向一台超级电脑提问就是强有力的证据。

虽然我们中的大多数人都非常清楚现实及其对未来的影响，但有些人则不然。为了能让你的企业自信、坚定地引领未来，发现并利用这一实际情况就变得非常重要。原因在于，变化和变革将会比你想象的速度更快。

能带领我们开创未来的动力今非昔比，我们已经到达所谓指数级巨变的转折点——它标志着社会发展的动力向着更快的指数级巨变转化。

怎么找到指数级巨变的转折点？

要想知道怎么找到指数级巨变的转折点，并保持以指数级增速和转型的发展态势，我们首先需要了解三个数码加速器可预测的影响及其应用范围。在 30 年前，我首次提出这个概念，从此之后便利用它们预测了上百个事件，并把它们运用到电脑运算、通信技术、基因组学、材料科学和医疗设备开发等多个领域。这三个数码加速器分别是：

• **运算处理能力。**过去的 50 年，摩尔定律总结出计算机运算能力的急速发展和集成电路价格下降的趋势。今后云端的计算机运算能力更会以指数级的速度超速发展（关于这个话题稍后会讲到）。

• **带宽。**数字网络和电子通信系统经历了可预测的指数级演进，与此同时它们的费用也以相似的速度下降。

• **数字存储容量。** 如同带宽的发展一样，这一用来存储、维护、管理和备份数据的技术也经历了指数级演变，其价格也随之降低。

1983 年，我第一次提出了将三种数码加速器——运算处理能力、带宽和数字存储容量相结合——以推动未来几十年经济增长的设想，事实证明，它们确实是驱动未来指数级变革的三大法宝。

关键在于能做什么，而非做得有多快

很多人对已经发生的指数级变革将继续进行一事持反对意见，他们的主要攻击对象是摩尔定律。实际上，关于摩尔定律是否正确的争论已经持续了很多年。有人认为，仅从技术层面上分析就可知指数级变革不会继续发展，因为晶体管的容量是有限的。还有人从经济学的角度进行探讨，他们认为对生产设备的投入已超过数十亿美元，而且这一费用还会持续上涨。这正好和摩尔定律相反，由此生产出来的芯片价格不会降低。

这种想法不仅使人们相信今后科技发展的速度会大幅降低，还让他们有一种虚幻的安全感，甚至可以说是满足感："呃，既然摩尔定律不再有效，事物变化的速度也慢了下来，我将会有充足的时间来应对潜在的数字化巨变。"

摩尔定律

不了解摩尔定律的读者请参阅下述简介。

这一定律以戈登·摩尔（Gordon E. Moore）的名字命名，他是英特尔（Intel）公司和飞兆半导体公司（Fairchild Semiconductor）的创始人之一。

摩尔定律关乎计算机处理某一特定任务的运算速度。1965年，摩尔发表了一篇论文。他指出，经过自1958年至1965年近8年的观察，集成电路上的晶体管数量每18至24个月便会增加一倍，而其价格则会下降一半。摩尔认为这种趋势将会持续演变，但未准确说出时限（实际上已持续了半个多世纪）。

下列是摩尔定律在指数级变革中的应用。

1958年，得克萨斯仪器公司（Texas Instruments）的一名科学家研制出了世界上第一块集成电路。它由两个栅长约半英寸的晶体管组成。

1971年，摩尔的英特尔公司首次推出了世界上第一款四位商用处理器——英特尔4004。它由2300个晶体管组成，栅极长度为10000纳米，运算频率为740kHz。每一个晶体管的平均成本为1美元。

40年后，2012年，英伟达（NVIDIA）发布了一款新型图形处理器（GPU）。它由71个晶体管组成，栅长为28纳米，运算频率为

7GHz。每个晶体管的平均成本约为 0.0000001 美元。

在过去的 40 年间，处理器技术经历了亿倍速度的发展演变，其成本也随之急剧下降，这完全符合摩尔定律。但正如前文所说，有人担心摩尔定律今后将不再应验，所以技术革新和进步的步伐也会大大趋缓。

2017 年，英特尔公司以其芯片设计的疾速发展再次印证摩尔定律依然有效。但是，正如你将看到的，未来世界指数级变革的范围绝不会仅局限在一个小小的芯片上。

对此我想说：永远不要低估工程师们的强大创造力，摩尔定律将依然适用于电子芯片产业。现今对芯片本身呈指数级增长的巨大能力的依赖越来越少，这是因为我们把更多精力用于开发强大的云计算技术上。电子芯片里蕴含的计算机运算力、用于联结一切的带宽和我们依赖的数字存储技术仅仅是当下指数级变革的一部分。最先进的超级计算机技术和人工智能技术正在推动科技的指数级变革，从而帮助我们塑造未来。重要的是，你要明白，我们已经到了指数级变化曲线上的转折点，当下事物的发展速度已呈现出完全垂直的趋势。

上述事实也冲击了我们有充足的时间来理解和接受技术创新的观点。其实情况恰恰相反，因为处于指数级变化临界点上的事物只会倍速发展，时间只会站在数字化变革那边，我们只能望尘莫及。

前不久还有一种观点认为，笔记本电脑基本上只是一个独立的设备，它的所有功能——如存储和运算力——都源于其内嵌的芯片，它的运行仅依靠其内在的构造。但如今笔记本电脑的大部分功能都可由智能电脑和平板电脑来实现。我们利用诸如苹果语音助手和谷歌即时等强大的工具，只需几句话就能感受到超级计算机技术的巨大功能。云端技术的出现更是使得存储功能不再局限于某一台电子设备。

所以你口袋里就装着强大的计算机运算力。这可不仅仅源于电子设备里的小小芯片，也不仅只关乎其处理能力。我们目前要关注的是整体计算机的运行能力——要关注那些不久前还不可能发生的事情。所以从现在开始，最好多考虑一下整体计算机的运行能力，而非某一个设备上的数据处理力。

我们还可以再从另一种角度来解释这一点。来自爱荷华大学的计算机科学家丹尼尔·里德（Daniel Reed）曾拿20世纪70年代的波音707飞机和现在的波音787飞机做对比。要知道波音787飞机的飞行速度并不比波音707飞机快多少。如果我们只关注速度则意义不大，重点在其他方面。波音787飞机的燃油效率远高于波音707飞机，同时它那更环保、更高效的内部设计使得波音707飞机略显粗陋。更有些人说，波音787飞机所体现的包括降低噪音水平和性能稳定性等方面的技术创新，将会让飞行时差和晕机成为过去。

虽然波音 787 飞机不比 60 多年前的波音 707 飞机快多少，但那又怎样？波音 787 飞机的技术创新的确让飞机技术发生了颠覆性的变化。

上述事例同样适用于你每天使用的工具，如智能手机、平板电脑、笔记本电脑和台式机。想想下列几个问题：

• 如果上述工具的性能比其他工具强大 100 倍，而价格却随之下降，那么你会用它来做哪些目前工作中实现不了的事情？

• 如果网速比现在快 100 倍，你的企业会推出什么当今不可能存在的高品质服务？

• 如果你设备里的存储空间扩大了 100 倍，但费用下降一半，这对你的事业有何影响？

• 如果你的客户能体验上述所有好处，那会对他们的工作有何影响？

没有一个指数级变革的转折点受科技所限，竞争壁垒正随着我们日常使用的强大工具的出现而渐渐消失。你可以利用互联网上大把有利的资源轻易设计出属于自己的应用软件。如果资金有问题，那就使用众筹平台来集资。过去受限于企业规模、资金多少和人力资源的各类市场，现在已被各种新型资源所带来的巨大机遇所打开。这是一场颠覆性的巨变，不能只从技术层面来考量。

从图 2 来看，目前这场正在发生并且未来还会继续演进的巨变是非常惊人的。一开始它的发展轨迹相对平缓,但不久便呈曲线性上升。现在这条轨迹几乎变成了直角,这种呈指数级发展的变化就是巨变。

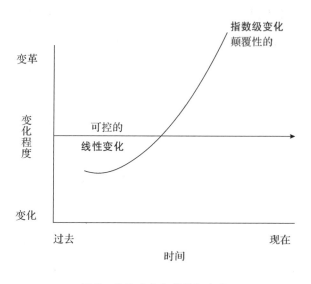

图 2　线性变化与指数级变化

所以请放松,你不必担心摩尔定律不再有效。首先,芯片的研发不再仅专注于"原始"的运算能力,随着超级计算机的出现和人工智能技术的发展,各种电子设备的运算能力将大幅提高,再加上人工智能云计算,芯片的设计也将更加专业化(再次强调,整个体系的运算力比单个物理设备的运算力更重要)。此外,以上这些技术及其他高科技发展的同时,也会推动芯片制造业和相关技术继续向前，只不过方式与以往大不相同罢了。

那些懂得生活中每一件事都正经历着快速巨变的人能从上述事例中发现巨大的机遇。作为一名领导者，了解运算力不仅关乎速度，还在于其他强大的新型工具这一事实，会使你的眼界更加开阔。不仅如此，它还证明，高科技的发展绝不会放慢脚步，其发展速度只会更快，甚至呈指数级增长。

可能性、实用性和指数级变革的相互转换

说到这里，辨别某一技术、产品和服务会不会出现，是不是有用，甚至能不能引领指数级变革就显得至关重要。这就需要我们探讨何时变革和创新可以最大限度地发挥自己的优势的问题。

> "所有这一切为那些意识到我们生活中每一个元素都在迅速改变的人提供了巨大的机会。"

例如，当语音助手面世时，很多人并不看好它。当然，那时候使用语音助手显得很酷，而且所有人都很好奇：它除了会智能问答外，还能做些什么。但是，这时的语音助手只不过提供了一种特殊

的用户体验。为什么？因为当时三个数码加速器还没有发展到人们可以选择的程度。你的亲身经历就可以证明。

回到2000年，就算你能使用无线网络，网速也一定很慢，可其实当时就有无线网络技术。但我们不难想象，只要有机会你一定会使用它。这就再次说明当时无线网络的出现是一件了不起的事，仅此而已。

苹果公司为什么不早两年发布第一款苹果手机呢？可能那时候它们就已经被生产出来了，只是用户体验还不尽如人意。

既然视频时代终将过去，那么奈飞公司为什么不从流媒体做起呢？因为当时那三个数码加速器还不能提供良好的用户体验。相反，奈飞公司却发起了一场邮政革命，它创建了一个邮件程序，在这个程序中，用户可以通过邮寄方式租借光盘，而且不限制返还日期。多亏了邮件上的条形码，奈飞才能知晓旧光盘的去向，并继续租给客户新碟。于是去百视达租赁电影光碟就显得完全过时了，更别提那个大家"喜闻乐见"的词——滞纳金！

想一想这三点：可能性、实用性和适宜性。一件事从无到有，再到变得有价值要经过长时间的演变。而这一过程如今正变得越来越短，因为目前我们正处在三个数码加速器的指数级曲线上。此外，诸如价格、竞争等其他因素也使得整个大环境日新月异。

在某些情况下，由于三个数码加速器的时机尚未到来，引进一款新产品或服务就显得较有意义。你可以提前一步大胆给用户提供一些人们觉得酷的和新鲜有趣的玩意儿，虽然离它们真正引领风尚还需时间。对另一些人来说，最好还是等数码加速器的时机成熟，再给用户带来完美的极致体验。

如果你想利用计算机的运算力、带宽和数字存储的可预测，为你的企业和你自身增加优势，不妨把上述情况考虑在内。假如你是一名房地产经纪人，你想在网站上发布一则让客户在网上虚拟看房的信息，那么你的客户是否有足够的带宽来感受虚拟现实技术？或者你能否在有限带宽的情况下给客户提供最佳和最明智的选择？无论你的企业怎么做，都应该建立在给客户提供优质服务和家庭感的基础上。

新技术与旧技术不是非此即彼的选择

变化和转变总是让人感到激动异常。

新技术出现或新产品发布时总会引发一阵热潮。看看苹果专卖店外彻夜排队的长长的队伍，就可以看出这些产品的开发可能引发的兴趣和人们对此的预期。事实上，这种热情实在有些过头。与其躺在专卖店外的睡袋里瑟瑟发抖，还不如了解一下新款苹果手机所蕴含的高新科技。

无论何时，好像一有新科技出现，我们就被迫面临着新旧技术的抉择问题。于是企业管理层甚至媒体都陷入了这种非此即彼的思维模式——要么做这个,要么做那个;要么选新的,要么选旧的。实际上,这个问题可以简化为,你是更想拥抱未来还是更愿意怀念过去。这个问题的答案非黑即白,没有中间地带。

此外,人们认为,某些领域内一项新科技的到来,即标志着旧技术的终结。我们觉得旧技术一定处处不如新科技,所以它终将黯然谢幕。

但事实并非如此。

不管新科技如何飞速发展,最热门的突破性技术也不一定能完全取代旧技术。相反,新旧科技往往会在相当长的一段时间内和谐共存。试想,如今数字媒体方兴未艾,但报纸和杂志依然存在;我们可以在线听歌并下载歌曲,但唱片依旧随处可见;尽管手机支付更加安全,但还是有不少人仍然在使用信用卡。

"从现在开始,当一项新技术问世时,与其在新旧技术之间做出选择,不如考虑如何将新旧技术结合起来,从而创造出比任何一种技术本身更大的价值。"

旧技术通常有其独特的功能和作用,这是新科技永远不能代替的。换句话说,我们应该让它们和谐共存,而非喜新厌旧。融合新旧科技是成功的关键，因为只有这样，才能获取比运用任何单个技术更大的效益。例如，大型计算机可能看起来像黑白电视和磁带一样过时，但是它们完全销声匿迹了吗？并没有，我们仍在使用它们，只不过和 10 年前、20 年前甚至 30 年前的使用方式不同罢了。虽然我们目前在使用智能手机和平板电脑，但我们仍在使用笔记本电脑和台式机。只是我们使用它们的次数和方式与过去不同罢了。它们依然存在，依然有用。

于是一种新观念呼之欲出：从现在起，当一项新科技出现后，不必非要在它和旧技术之间做出选择，而是要思考把二者融合起来以创造比任何一种技术本身更大的价值。对新旧科技来说，关键之处就在于合二为一。例如书信和电邮、传统媒体和新媒体、声音和数据以及全套服务和自助服务。平衡这两者间的关系，便可创造出比任何单独一方更大的价值。

毫无疑问的是，目前我们经历的巨变前所未有，这就需要我们转变思维方式——如果你仅仅改变了一款产品、一项服务或一个流程，那你就很有可能被时代淘汰。通常来讲抛弃旧习、接受新兴事物并不那么容易，但只要融合新旧科技去创造更大的价值，就能充分利用快速巨变，为我们带来无限机遇。

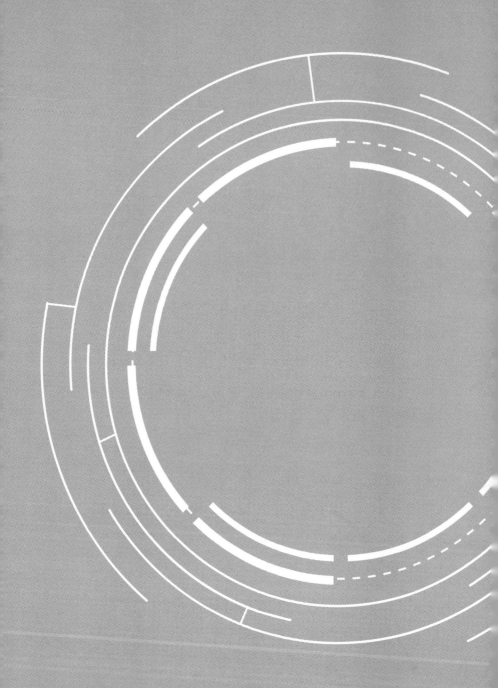

The Anticipatory Organization

Turn Disruption and Change

into Opportunity and Advantage

第二部分

变革创新：进一步把握未来的重要原则

第四章　培养预见力

正如我在第一章所说，目前我们正处于巨变之巅的底部。这一路充满了问题、颠覆性机遇和前所未有的创新力。虽然我们登顶的速度呈指数级加快，但山高路险，所以领航之术必不可少。

对我们绝大多数人来说，前方的山路迷雾重重、崎岖难行，稍有不慎便会晕头转向，或者被不知从何处冒出的困难绊倒。但能掌控创新工具的人就可以拨云见日，并通过它们积极塑造未来，将颠覆和变化变成机遇和优势。

大多数企业由于担心潜在危险，便只追求渐进式的产业创新。考虑到创新的代价，它们只能小心翼翼，避免激进。但是了解了软、硬趋势分析法的企业就懂得，相比于参与创新，袖手旁观的风险往往更大。因此，它们通过分析软、硬趋势另辟蹊径，规避创新风险。未来的定数——硬趋势，以及未来的变数——软趋势，可帮助企业降低风险，加快创新，勇往直前。从此，它们便有信心大步迈进，并在充满机遇的大山上捷足先登。

市面上从不缺乏教人应对创新的书籍、策略和素材，但 AO 模式不仅能详尽地教导企业如何冒低风险、获高效益，还可辨别两种截然不同的创新形式。尽管它们往往被忽略，但其作用不容小觑。

第一种是日常创新。不论企业大小如何，不论企业员工级别如何，每个员工每天都可以通过提出创新性方案来解决常见问题。

第二种是指数级创新。我们仍可更有信心、更有把握地掌控这种改变游戏规则，甚至有可能波及整个行业的创新。而不懂得辨别这股塑造未来之力的人只能望尘莫及。

通过学习运用这两种类型的创新，你就有机会引领企业加快创新。当其他人还在为缓慢演进的渐进式创新一筹莫展时，你就可自信地大胆决策，一马当先，塑造未来。

接下来我就讲讲第一步，时刻保持敏锐。

保持敏锐，伺机而动

前不久我跟一位商科专业的毕业生聊天，这个年轻人目前在驾校工作。我们聊到无人驾驶汽车的话题，我问他这种汽车会不会导致他们公司破产。

小伙子耸了耸肩回答说："那还早着呢。"

正在阅读此书的你可能知道，此刻马路上半自动化，甚至全自动化驾驶的汽车数量正越来越多。这位聪明的年轻人虽然对无人驾驶汽车了如指掌，但却没能把它跟自己的工作联系起来。

这是为什么呢？因为他对新生事物不太敏感。

下面我就来具体解释一下。当我们读到或听到一项非凡的新技术、新产品或者新突破时，通常会做何反应？我们通常会说："哇，这的确很了不起。"然后一如既往地忙忙碌碌，埋头工作。这种事不关己的态度就是问题所在。

对新生事物保持敏锐的人的反应则大不相同。与上面若无其事的态度相反，他们会问：新科技的出现对现在和未来的我有何影响？它与颠覆性的新型软、硬趋势有何关系？它会带来哪些好处？

只要你保持敏锐，你就能发现别人发现不了的新的创新机遇，你就会着眼未来及其影响，并为之准备，而非坐等惊喜。因此，保持敏锐的商业嗅觉就是迈向急速创新的第一步。

这位年轻的朋友也许大可不必太过伤心，因为他还有诸如戴尔、索尼、惠普、黑莓、百视达和柯达（Kodak）等许多昔日行业巨头的陪伴。这种事不关己的心态在大公司高管层屡见不鲜。我们可以肯定地说，他们都对新生事物不够敏锐，所以才看不到在身边发生的颠覆性创新。

我并不是谴责他们——其实不管巨变前的预兆多么明显，我们普通人还是倾向于保持现状。但我想说的是，这种不作为的应对方式远比我们想象的要更加危险。

后视镜思维的危害

在此我还要讨论另一个危险的观念，我把它称为"后视镜思维"，在学习预见力思维打造法前必须先掌握这一重要概念。这是一个需要理解的重要概念，因为它是预见性思维的核心，换句话说，它是一种用以往的经验来推测未来的倾向，这是一种用老方法解决新问题的思维定式。

明白了后视镜思维的定义后，我们再回头来看第一章的例子。第一款苹果手机面世后，记者问黑莓公司的首席执行官——当时手机领域的领跑者——这会不会对他们造成威胁。他回答说，自己实在不明白为什么会有人愿意在手机上看视频。不难看出，这位执行官正在用后视镜思维审视当前的局势。由于之前从来没有人设计出能播放视频的手机，所以他想象不出一块小小的屏幕竟会有如此的吸引力。现在看来，他的看法是多么不准确！

在先前提到的例子中，那位年轻人的后视镜思维让他相信：既然无人驾驶汽车这一巨变的规模如此之大，所以大概要再过一二十年才能影响到他的工作。从本质上讲，后视镜思维是一种非黑即白的思维。在此例中的表现是：要么所有汽车保持原样，要么突然间都实现无人驾驶。

那么现在的年轻人还需要学开车吗？当然。你能想象得到保时捷（Porsche）会出售没有方向盘的汽车吗？不太可能。因为我们习惯像往常一样开车上路，而不喜欢变故。但年轻人一定不会用传统的开车技巧学习驾驶无人车，而且新型的驾驶培训也一定会出现，虽然总的来看这种需求只会越来越少。这意味着驾校教练的人数锐减，因为他们自身也需要培训，以适应自动化汽车。

> "AO 模式的建立是为了在企业内部层面灌输创新理念，这样做的目的是鼓励每个人都一直保持其对新生事物的敏锐性。"

由此我们便能总结出一个深刻的教训。正如前文所讨论的，三个数码加速器和指数级转折点都在以前所未有的速度切实改变着我们的生产、生活和娱乐方式。如今，关注创新巨变比以往任何时候都更具有紧迫性。为了保持其在各自领域的领先地位，各行各业的企业和机构都应当密切关注产业创新。我们可以利用 AO 模式促成整个企业内的创新与巨变——从而激励每个人时刻保持着敏锐性。

否则，哪一座山都永远不可逾越。

创新事关每一个人

我们先来看看以往人们和企业如何对待创新。

对一些人来说，创新这个词会让人联想到一幅在山顶上披着毯子打坐的孤独的神秘隐士的画面。他们聚精会神、冥思苦想，只为参透我们称之为创新的奥义——这是一股全新的、完全可以颠覆人们以往思维和行为的强大力量。而另一些人则可能会想到在某个隐蔽的地下实验室里，穿着白大褂、目不转睛盯着电脑的人物形象。

虽然这些画面的确有些夸张，但人们心中的创新型人才就是这样，而且这与现实中创新型人才的形象也相差无几。在一些企业和机构中，创新一直以来都只是"他们"或"别人"的工作——专属于那些有权在任何地点、任何地方辨别认识创新、实施创新的人。而且创新的进展是很缓慢的——不管哪种创新都需要时间。事实上，很多企业并不鼓励创新，因为一直以来它们的主要任务就是执行当前的方针策略。创新所带来的风险使其弊大于利。毕竟枪打出头鸟！所以最好还是保持现状。

如果你凑巧在一家特别注重创新的企业工作，那么它们一定有一个老式的纸质意见箱或者电子邮箱。但——就像之前我在一家财富100强企业里工作时的情况那样——意见箱里塞满了信件，却无人问津。既然无事发生，人们就再也不愿花时间提供创意。更糟糕的是，长此以往，优秀的员工就会纷纷离职，寻找更好的前景，这家公司的营业额和股价也会持续下跌。

再举一个例子。我曾在一家其全球市场领先地位备受挑战的公司工作过。这家公司的 CEO 总以昔日的创新精神为豪，殊不知当我初步了解到他们的产品和服务后，就发现他们至少已有 10 年没有任何真正的创新了。相反，他们还在利用 15 年前的产品——这就是其营业额逐年缩水的原因。正是因为涉及企业文化和价值观的后视镜思维，他们误以为自己仍是创新型企业，其实真实的情况往往与他们的想法大相径庭。

我们目前经历的快速变化和变革使得创新——无论是日常创新还是指数级创新——都至关重要。所以遵循后视镜思维、认为创新无关紧要只是一部分人的错误想法，它只会让情况越来越糟。创新事关每一个人。通过学习 AO 模式，整个企业每时每刻都能开始创新。

"创新现在是每个人的事。AO 模式建立了一种思维模式，在这种思维模式下，创新可以在公司或组织的每一个层面上随时发生。"

组织内的怀疑者

这一节我要讨论的是，企业或团队里的每一个人都应当具备预见力思维。

鉴于当今日新月异的科技等因素正在改变我们整体的生活和工作，再加上其演进的速度越来越快，我们不难明白，整个企业或机构——不仅是某个部门或某个领域——都将会发生巨变。

现在，我们假设企业中的某人或某团队不相信——无论出于何种原因——颠覆性的变化都将会持续，而且预见力思维打造法对他们毫不适用——在他们看来，任何人都丝毫无法预测未来。

不管你多么不赞同他们的观点，尊重他人仍然很重要。但不管这些人或团队是谁，无论其职位高低，他们一定会影响整个公司对高效预测未来的信心和动力。最终，他们就会像刹车片一样阻碍公司创新的步伐。当然，如果是企业老板或机构领导者忽视预见力思维的价值，不关注创新，那么这种想法所带来的危害则更甚。因此，不管是销售部、研发部、财务部或其他部门，任何人都有可能危及整个公司。

值得庆幸的是，这种问题并非无法解决。一方面，组织内的怀疑者一点也不妨碍你自己通过预测未来去改革创新。尽管在某些事情上你可能需要别人的批准，但还有更多的事情只靠你自己便可完成。如果你发现一件事很有意义，那就把这种只靠你自己就能完成的事列出来。如果这些事情很可行，而且你又有能力做到，那就放手去做吧！

同时，要与其他相信预见力思维的人团结起来。或许你们可以一起提前解决潜在的问题，并抓住机遇创新，以实现比个人更大的价值。

最后，要训练自己的说服力。在第八章和第九章我会讨论几个推销创意的实用策略，不管你的想法好坏与否，均可适用。例如，你将学到其中一个被我称为"时空旅行法"的概念，即你可以从过去导向性、当前导向性和未来导向性来判断一个人的态度和想法。比方说一个人很重视未来，那么他自然更能接受预见力思维。反之，总是怀念美好旧时光的人则更容易守旧。如果是第二种情况，我就会教你如何谨慎稳步地帮助他们迈向未来。

把时空旅行法运用到同事、客户和你的企业身上，将大大提高你推销创意和影响他人的能力——这样就有助于说服你们当中的怀疑论者接受预期思维，并推动创新。

如果你身边的每一个人都深知创新和预期思维的巨大作用，那就再好不过了。但即使只有一个人这么想，你也可以利用许多得力的工具来积极塑造未来。

尝试运用预见力思维方式来思考

"我的工作与创新无关。"请稍事休息，来想一想你公司里会有多少人这么说。

同样，为何会有这种观点存在一点也不难理解。一些人尽管能完全胜任他们的工作——不管是接待员、售货员、工程师、经纪人还是其他任何职业——但他们仍有可能被这种狭隘的观念毒害。我接待访客，我听从电话那头的命令，我筹集资金，我监督员工以确保他们遵守规章制度……换句话说：我只做分内之事。"我的职位描述不含创新，有专人负责创新。"

一家有预见力的企业不会提倡这种事不关己的想法。相反，它会鼓励企业或机构内的每一个人都运用预见力思维，然后致力于打造出人人都能参与创新，而不是仅仅少数人可以参与的企业文化（见图3）。

下面是如何将预见力思维应用于日常创新和指数级革新的例子。假设你在一家公司的销售部工作，现在尝试运用预见力思维方式来思考，以后你会从潜在的客户那里听到哪些可事先预测到的问题呢？其中之一很可能是价格，每个人都屈服于它，没有人愿意为他们认为名不副实的东西多掏一分钱。但每个人都想交易，我们肯定都见过总是炫耀买下多少战利品的人！

如果说你事先知道价位是达成交易的绊脚石，那么你就能在价位影响交易之前解决掉这个问题。假如客户提到了价格问题，经过深思熟虑的你就可以说，这款产品能满足多种需要，从而增添更多附加值。这就让客户对其售价更加信服。或者你也可以以退为进，指出客户最初的目标产品并不能解决他们的实际问题。这

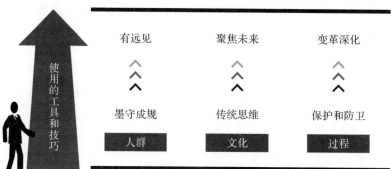

图 3 当前的企业和有预见力的企业

样一来,通过向他们提供解决问题的方案,你就又创造出答疑解惑的咨询价值。也许你会说,最昂贵的选择就是拒绝议价——这很有可能会危及你的销售生涯。以上这些想法都可以适用于日常创新,即利用预见力思维开动脑筋,去解决日常生活中经常发生并可预测的问题。

那么如何应对指数级创新呢?我们再回想一下我那位年轻的朋友与无人驾驶汽车的例子。由于那个年轻人反应迟钝,他只错误地看到了汽车驾驶无人化是个漫长的过程,更没有把这一趋势和自己的工作联系起来。试想,如果他能够预测并抓住指数级创新所带来的机遇,那会怎样?随着半自动化和全自动化驾驶的汽车快速发展,汽车驾驶培训业的变革中就蕴含着重新定义、再创造的绝佳时机。如果他能够把眼光放远并思考这会对公共交通、消防救援、邮递业甚至校车有什么影响,那他便能在无人驾驶车刚刚出现时就立马抓住新型汽车驾驶培训业大转型的好机会。

这就是一个指数级创新的绝佳例子。试想之前汽车驾驶培训业多么火爆,所以给司机提供不同类型的培训也能带来不少机会。

指数级创新不受环境和条件的限制。无论环境如何,指数创新都会发生。下面我们就把它运用到可预测的问题上。再回到之前假设你在销售部工作的例子。假如你接洽了很多家公司和机构,碰巧其中一家是医院。你在销售电话中时刻保持敏锐性,并寻找给客户提供额外咨询服务的机会。因而,当你偶然听到医院工作人员抱怨说,他们每天使用的医疗设备运行缓慢、太笨拙,已不能应对日益增多的工作量时,也不会吃惊。虽然这只是一个假设,但不久的将来就会变为现实。

解决这些可预见问题的方法之一,是确定一种或多种被我定义为8种硬趋势的路径——创新之路。这代表了8种技术硬趋势正以指数速度增长,可以被用来推动日常创新和指数级创新。我稍后将更详细地介绍它们,而与此同时,让我们研究两种硬趋势——非物质化和虚拟化——是如何适用于我刚才描述的医院场景的。

首先,我们依次来看一些定义。

非物质化意味着把东西变得更小——这是几十年来从我们的产品中看到的一个硬趋势，这种趋势从电脑、电视和手机上均有体现。与以往不同的是，我们有新的工具和流程，能够更容易、更快地完成非物质化。我们应该自己思考一下，什么东西体积缩小后价值会大大增加，然后就会发现可推动革新的新机遇。

虚拟化意味着把我们在现实世界中的事换了一个媒介，使其能在数字化、抽象化的虚拟世界中完成。通过探讨哪些有形资产可通过虚拟化来降低成本、增添价值，或者提供哪些虚拟服务可增加收入，我们便能从中发掘出更多机遇。

现在我们就把这两个硬趋势运用到上述例子当中。你可以建议医院的高管关注虚拟化技术，并让他们自己思考一下，是否能用虚拟化提前解决诸如日益增多的医患负担和相关数据等问题。你也可以建议他们把数据分析法和非物质化技术结合起来——在此例中即人工智能技术——以发现医疗数据中的潜在问题。这些问题能通过诸如改良版的亚马逊智能音箱（Amazon Echo）或谷歌智能家居设备（Google Home）等声控产品传递。同时，医护人员也能用语音识别技术来询问或提供医疗信息和数据，这就省去了使用平板电脑和智能手机的麻烦。

不仅如此，你还可以加载一个可在各地访问的小型卫星数据站系统，这个系统可以轻易覆盖全国的保健系统。那么能不能通过与谷歌或者亚马逊的合作，通过它们的设备把这套信息即时反馈系统运用到各行各业？当然可以！

你可以从多个角度来解读这个例子。首先，你已具备了预见力思维。后视镜思维可能只会建议你购买更多同样的设备——如果你的设备不堪重负，那就多买几台！相反，如果你以全新的视角看待问题——如果你不买更多的"数量"，那你怎么以"不同的"方式更好地解决这种情况？

而且你关注的层面不应仅局限于此时此地。第二章提到的软趋势概念也大有用处。鉴于日益增多的患者和愈发沉重的医护压力（特别是对急诊室来说），利用软趋势便可改变甚至掌控这一局面。例如你可以和软件设计或数据科学专业的大学生合作，共同开发出类似语音助手的电子助手应用程序。在突发情况发生时，在将患者送往医院的路上，这款应用程序就能让医生询问关键的问题，获取重要信息，而且患者及护送他到医院的人均可使用。这样一来，医护人员将会知道应该在什么时候医治那位病人，就能在病人到来前构思医疗方案，还能判断是否在那位病人来到医院之前医治急诊室的其他患者。必要的病历单也可以自动填写——这就又大大节约了时间。

不仅如此，这款电子助手应用程序还能通知大夫，病人在术后是否存在生命体征异常的情况，如果发生了这样的情况，医生便可马上联系病人或要求他们就医。这些解决方案和其他类似的解决方案不仅具有前瞻性，能够降低成本，同时也能减轻医护人员的负担。

不论是谁，不论条件如何，诸如此类的预测和创新均可发生。再从众多例子中举出一个。如果一名前台发现应聘者面试的时长超出面试官的预期，他就可以要求坐在休息区的面试者用平板电脑做自我展示。五分钟的视频和互动展示不仅可以突出公司及其组织机构的亮点，还能解决应聘者的常见问题。这不仅可大大节约面试官的时间，还能最大限度地缓解应聘者的紧张情绪。

建设创新型企业文化

前文提到，创新的类型不同以及引发的条件不一，可能会引发另一个可造成后视镜思维的错误观念：创新一定是大规模发生的。

作为人类，我们乐于接受重大创新，即我们是所知的世界游戏规则的变革者。毕竟为了买到新款智能手机，我们可是会在手机店外野营多日！这种现象在某种程度上让人想到了一个传统问题，即首先谁可以创新——只有那些身居高位、有大把时间和资源的人才能进行创新。换句话说，其他人不会把时间浪费在寻求创新性的解决方案上，就像应聘者不会多花区区五分钟去认真准备面试一样！

这样一来就不难理解为什么人们会有这个误区。但是用 AO 模式的思维来看，不管是规模宏大的创新还是没有名头的变故，所有形式的改变都同等重要。通过鼓励企业内的每个人都用预见力思维思考问题，并使用前文提到的可快速解决问题的工具，无论哪种规模的企业都能创造出不同类型的创新——包括日常创新和指数级创新。

先前让应聘者用平板电脑面试的事例就是日常革新的绝佳范例——规模不大，但效果又很好。建议销售人员或医护人员使用类似语音助手的声控手机以监测病人身体数据情况也是日常革新的范例。其实，有电子助手功能的移动设备和超级计算机早已存在——发掘出颠覆性机遇的关键就在于，使用现有工具开创性地解决不停变化的常见问题。

记住这些例子，反思一下你的日常生活。工作中的你是不是经常埋头苦干、循规蹈矩，不愿用任何新思维来解决当下或未来的问题？在过去——就算是五年前——这种工作态度还尚可接受。但在当下和未来，这种态度就不可取。如今，我们需要抬起头——保持敏锐性，时刻观察身边潜在的问题和新的机遇，以逐渐提高自身的能力。未来会有更多的问题向我们更快地袭来。为了不在困难中被淹没并化挑战为优势，我们得学会辨别它们，这样才能提前把它们解决掉。

"通过鼓励企业的每个人都使用预见力思维方式和我们为加速解决问题提供的工具,不仅在公司的各个层面都会出现革新,而且这种创新是全方位的,每天都有的——且呈现指数级变化。"

我们一定可以！从某种程度上来说,我们都对自己的工作有独到见解,并具备一定的专业技能。例如,一名会计显然知道该如何精确记录并报告某一特定时间段内所发生的事情。一个售货员不仅知道他在销售什么产品,并且知道怎么应对顾客的质疑。我们每个人都有自己的长处,我们的专业技能足以让我们找到创新型的解决问题的方案,以应对不断发生的问题。从某种意义上来说,我们都处在各自领域的第一线,而这正是我们注意各种创新机会的最佳位置。

"当你在审视某物时,请问问自己是否深思熟虑。思考一下有没有一种方法可以更快、更深入地解决问题？诸如此类的问题正是推动指数级创新和日常创新的驱动力,正如我前面提到的,这是每个人一直保持清醒头脑的结果。"

还有一类机遇，我把它称为交叉式的创新机会。虽然每个人的确有自己擅长的领域、学科和工作，但这并不意味着我们就不能发现自己的主要职责和日常工作以外潜在的问题和创新的机遇。我们要打破它们的界限。再回到上文销售人员去医院推销的例子。只要辨别软、硬趋势，保持敏锐性并运用预见力思维，你就可以预测到完全超出你认知和经验范围的其他领域的巨变，比如提高医护水平，更好地应对日益增多的病患。

当然也别忘了指数级创新——规模和影响都更大的创新。这类创新是真正的游戏规则改变者——诸如苹果手机和优步，还有其他颠覆整个行业的创新。指数级创新并不是企业或机构中的每个人都可发起的，它只属于拥有一定权力和影响力的人。

所以不管创新的大小，只要运用 AO 模式，其背后的探索过程是一样的。试想，当你仔细观察某事时，问问自己是否眼光放得足够远，有没有办法把一件事快速提高到更高的水平。类似问题的答案就是指数级创新和日常创新背后的驱动者——它们就是先前提到的人人时刻保持敏锐的结果。

还有一点要说明，那就是并非每种类型的创新都必须彻底改变游戏规则。但只要建设创新型的企业预期文化，整家公司每个层面的活动和功用的创新就会大有改进。只要把预见力思维普及每一个人，它所蕴含的巨大能量才能够与大规模的创新相差无几。

8 条引发创新的硬趋势

为了帮助你发现潜在的机遇，了解你身边创新的价值和类型，掌握这 8 条引发创新的硬趋势非常重要（详见打造预见力企业模型学习系统）。本章我们已经提到了非物质化和虚拟化这两个硬趋势，接下来就是剩下的 6 个硬趋势，它们为驾驭日常创新和指数级创新提供了条件。

• **移动化**。智能手机和平板电脑的广泛使用推动了全球经济的快速发展。

此外，电脑软件和手机应用程序也发挥了巨大作用。移动用户可根据自己的实际需求随时随地安装软件，使他们的设备更加个性化。同时，我们也不要忘记，穿戴式智能设备的增长速度也加快了，它们的功能越来越多。此外，还有数不清的生产方法可以被颠覆，更多新型的服务也会由移动性而产生。

• **智能化**。借助物联网（IoT）①的快速发展，机器与传感器互相连接，我们可让更多产品或服务实现网络智能化。此外，人工智能将越来越多地嵌入我们的产品和服务中，为我们提供更专业的指导，增强人们预测未来的防范风险的能力。

———————

①　物联网是新一代信息技术的重要组成部分，也是信息化时代的重要发展阶段。顾名思义，物联网就是物物相连的互联网。——译者注

• **网络化。**目前联网化趋势快速演进，范围逐步扩大，其用途也更加多样，如网络化传感器、无人机和 3D 模拟机。目前，各种事物间的关联程度前所未有，而且这一趋势还会持续。未来世界属于电线、光纤和无线网络，而它们的能力还在快速增长。

• **交互化。**网络电视（IPTV）①的急速演进，使产品和服务增加交互功能变得如此简单。交互化可能对包括产品的生产与销售、教育和娱乐在内的所有行业造成巨大影响。

• **全球化。**科技推进全球化。在今日移动化、虚拟化、可视化和社交化的世界，与地球上任何地方的任何人交流、买卖商品都变得日益简单。此外，全球化的程度和形式不一，我们可以根据地理或文化的特殊要求来定制产品，企业董事会成员里也可能有个外国人。

• **聚合化。**你可以汇集具有更多特点和功能的产品来创造更多的价值。这一点我们从诸如智能手机等设备中便可看出。整个行业也可如此，就像电脑业、电信业和娱乐业所经历的那样。

运用这 8 条能引发创新的硬趋势去掌控日常创新和指数级创新的魅力在于，它能有效地改变以往人们对创新的狭隘观念，

---

① 交互式网络电视是一种利用宽带网，集互联网、多媒体、通信等技术于一体，向家庭用户提供包括数字电视在内的多种交互式服务的崭新技术。它能够很好地适应当今网络飞速发展的趋势，充分有效地利用网络资源。——译者注

即过度关注一条硬趋势而忽略其他趋势的想法。例如，一开始你可能用移动化趋势来解决某一问题，随后发现利用虚拟化趋势也能做到，只不过是方式不同，但效率更高。可能你觉得通过某套设备可实现移动化，但目前它的体积实在太大。所以非物质化——把大的东西变小——就是另一种可解决这个问题的创新之路。

就如 AO 模式中的其他理论，这 8 种引发创新的硬趋势也有自己的协同系统，没有什么事物是孤立存在的。综合运用这 8 种硬趋势才能发挥出强大功效。这 8 种硬趋势的独到之处就在于其固有的灵活性——你可以只用一种，也可以同时使用多种，甚至全部使用。

加速创新的其他好处

显然，创新的文化环境能产生绝佳的想法和协同功效，但它的好处还不止这些。首先，持续积极寻求创新机会，可以使企业和机构内的所有人都富有责任感和使命感。其次，推广预见力思维并鼓励人们时刻关注各种类型的创新，可以增强员工们的归属感和参与感。

另一个流行词是创造力。一直以来，人们都认为创造力是一种软实力——一些人颇具创造力，其他人则不然。但其实，我们很难简单地说某人更具创造力。创造力意味着什么？你是如何做到有创造力的？而 AO 模式提供的工具就能让你既有创新力，又有创造力。运用对立法则（下一章我会具体解释），辨别可能会受到影响的软趋势，并且寻找重新定义或重塑产品或服务的方法，就是一些很好的例子。这就是过程的作用——它一旦发生，就能引发有意义的创新。换句话说，创新就是运用创造力的一种形式——它既是过程也是结果。

可能有一些员工的确非常擅长识别硬趋势和软趋势，并从那里识别改变游戏规则的指数级创新的机会，我们姑且称之为指数级创新团队吧。补充说明一下，他们其实是一个能为公司创造巨大效益的团队。但其实还有一种范围更广的创新形式，只要把日常创新作为企业文化的一部分，每个员工都会时刻保持敏锐并持续参与其中，提前辨别问题、解决问题，发现蕴含机遇的趋势，那么这种创新随时都能发生。

既注重产生渐进式结果的渐进式创新，又注重产生指数级结果的指数级创新，如果你是这家大企业的 CEO，你会为领导这样一家企业而感到自豪吗？我想你一定会的。

第五章　超越于竞争之上

是我的兄弟先悟出来这一道理的。

"其实你不用跟任何人竞争。"有一天，他突然对我说，"你得沉得住气。模仿他人的任何形式都不如压根不与人竞争。你只需学会如何预测未来。"

我只是把此话当作一种恭维，但我也细细思量了一番：他为什么这么说？更重要的是，这话对别人有益吗？

我反复思考这个问题，便想起之前我是如何与人较量的。这时，我的脑海中又浮现出"标准"一词，它是指人们常用业内领导者的产品或服务来衡量其他一切策略、体系、技术，甚至输赢，于是人们纷纷模仿这些领导者，希望自己也能处于领导地位。

但问题是，你最多只是在尾随他人。就像之前我们讨论的，在优势不多的情况下与他人竞争是愚蠢的。在这个巨变和科技不断更新的时代，仅追求与对手持平已不足以让你具备竞争力。你可能一时干劲十足，但迟早会停滞不前。另外，如果你只在乎竞赛，那就会分散精力，忽视其他创新机会，从而为新手和门外汉提供一个窗口，让他们专注于未来，并使用新的策略与工具远远超过你。

要想解决这个问题，你就得在一定程度上忽略竞争。我们要关注可塑造未来的硬趋势和可掌控的软趋势，在其他人之前重新定义、重新创造自己的策略、服务和产品。至于竞争，就叫别人去吧。

远离竞赛

早在1980年我创办超轻型航空公司时就运用了远离竞争的的原则。起初我对此感兴趣是因为它用新型现代材料改写了航空业的运行方式——开始，这一原则是把悬挂式滑翔机安装到引擎上——我从中看到了巨大商机。

大多数公司只关注滑翔机的两个主要卖点：造价低廉，无须飞行执照。在打造出当时号称具有最强劲动力的悬挂式滑翔机并进行试飞后，我马上意识到悬挂式滑翔机的优势不在其动力。它非常容易出故障，先前频发的飞行事故就是最好的证明。

我没有像其他人那样喜形于色，而是静下心来思考两个重要问题：理想型的超轻型飞机是什么样的？它是如何运作的？很快我就意识到它不可能像悬挂式滑翔机那样用重量增减来进行控制——悬挂式滑翔机本来就不是用来竞速的。理想型的超轻型飞机应该内设飞行员保护装置，以保证其安全。

经过一番调查，我找到了一家生产高品质超轻型飞机部件的制造商，并与之合作。我们生产出的超轻型飞机有三轴控制装备，这意味着它能让飞机像使用了变速杆和方向舵那样飞行，这就大大保障了飞行员的安全。从此我便与他人反其道而行：不再把超轻型飞机卖给没有飞行执照的人——这太危险了——而只与有飞行执照的人做生意。如此一来，我就和众多小型机场的飞行教练建立了全国经销网络。

以下是我让自己的超轻型飞机生意远离竞争的经历。

第一年我的公司就成了业界销量冠军，而且一次事故也没发生。我摒弃了以往争相把产品卖给无飞行执照的客户的做法，转而关注那些有执照、更有资质的专业飞行员。尽管他们的飞行线路也许有些无聊——想想高空飞行的自动驾驶飞机就知道。我们的新款超轻型飞机让这些飞行员们重新感受低空慢速飞行的乐趣——于是它的销量猛增。

你越关注竞争，就越会想要模仿对手的行为，那将只会让你的外表和举止更像他们。试想，当出租车行业推出了自己的打车应用软件之后，优步就把重心放在了与它们竞争上吗？当亚马逊建立了第一家网上书店后，它的主要任务是和实体店竞争吗？绝对不是！它们知道对手是如何运作的——优步知道人们是怎么招呼到车，然后手忙脚乱地从钱包里掏钱来支付车费；亚马逊也知道人们是怎么在实体书店买书的。它们着眼于发现行业新机遇,并改革创新,而非一味模仿。它们与他人背道而行,然后快速成长,远离竞争。它们运用新工具来重新定义、再创造,而非仅仅与他人较量。

重新定义和再创造

接下来我们来看看什么是重新定义和再创造。

重新定义就是从不同的视角和立场看问题。相比较而言,再创造的范围和影响更广。一旦你再创造某物,你就掌握了转化的力量。无论重新发明什么都不会回到原来的样子——特别是当你利用诸如云端、移动性、虚拟化和人工智能等新型指数级工具时。换句话讲,它绝不仅仅是一个调整或微小的调整。

当今世界发展迅速、日新月异,这无疑是一个大变革的时代。在所有条件都快速演进的环境中竞争,结果顶多和对手不相上下——甚至一蹶不振。过度竞争不是生存之道,更不是取胜之计。

想想我在前面章节中引用的例子,很多机构和企业就过度关注竞争。百视达试图通过扩大门店规模和增加影片数量与对手较量,可是它并没有意识到电影最终可以在你掌中的手机上放映。戴尔则试图通过将笔记本电脑的销量翻倍参与竞争,它们的想法完全可以理解——既然以前在笔记本电脑领域非常成功,那么只要继续利用其竞争优势,就能让它们立于不败之地。从某种程度上来看,这种观念颇具讽刺意味。虽然戴尔发现消费者乐于使用笔记本电脑而不是台式电脑,但它们却错过了下一个重要阶段:同一批消费者也会欣然放弃笔记本电脑,转而使用智能手机和平板电脑。

与此同时,其他人则注重重新定义和再创造。奈飞利用三个数码加速器,通过流媒体服务重新定义了观看电影的方式。苹果公司则利用硬趋势彻底变革了手机业。它们和其他企业一起重新定义、再创造,最终颠覆了整个行业。

在详细了解重新定义和再创造之前,还需要注意很重要的两点。第一,重新定义和再创造绝不是指同一事物的变化,也不是简单的数量增减的改变。一旦重新定义和再创造发生,事物就被完全改变。由于再创造蕴含着颠覆性的力量,因此这一过程是不可逆转的。比如现在既然可以用流媒体看上千部电影,那你就绝对不想回到租碟店,在众多货架里埋头寻找碟片。既然可以用优步叫车,并提前算出路费,那你就不会选择在交通高峰期竭力招呼汽车停下,也不用担心巨额车费会让你的钱包底朝天。

第二,不要以为重新定义和再创造所引发的巨变是一次性的。想想 21 世纪初,亚马逊已经存在了 20 多年,传统的零售商也习惯了人们在网上购物所带来的巨变。此后还会发生什么?消费者们不再受限于台式电脑和笔记本电脑,他们不仅可以网购,挑选琳琅满目的商品时还能快速比价，这都得益于口袋里的微型电脑——智能手机。在许多情况下，网购订单隔天就能送到。

我要说的是，巨变并非昙花一现。它发生过一次，就极有可能再次发生，而且往往出乎意料。所以在这种大环境下，过度关注竞争会使你一直落后，甚至更糟。

再创造在过去是强有力的可选项，而现在则是当务之急。鉴于科技和生产力急速发展，稳定性的定义已与过去有着天壤之别，你不能等兴致来了才想起再创造。要想努力生存并繁荣发展，你必须时刻把重新定义和再创造应用到你的产品、服务、工作和你自身中。

如何重新定义和再创造

虽然这两个词第一眼看上去有点吓人，但是，在很大程度上，重新定义和再创造基本上就是灵活运用之前讨论过的工具和策略，在某些案例中，还需要我们以新的方式运用较为传统的技能。

让我们再回到本章前文提到的标准这一概念上来。它的问题就在于辨别并模仿业内领导者的做法只会让你陷入你追我赶的怪圈。就算你跟上了他们的步伐，他们也早已更进一步了。换句话讲，标准观念只考虑当下，而不着眼于未来——在当今这个科技推动巨变发展的时代，这绝不是一件好事。

重新定义和再创造则为标准概念提升了其竞争价值。例如，当我听说某人在我想有所成就的领域有所作为时，我可能会忍不住说："哇，他们是业界领袖，他们真棒！我要模仿他们正在做的事，总有一天我也会像他们那样。"但这种思维模式仍令我止步不前。它有点像"灵活应对"——是很好，但不足以让你遥遥领先。

相反，作为一名有远见的人，应该考虑一下手头上的变革工具是什么，可以用哪些软、硬趋势来重新定义现行的标准，怎样才能遥遥领先，而不仅是做出改变或亡羊补牢，怎样才能完全再创造某事然后避免竞争，再或者我们应该重新定义、再创造哪些产品、服务和策略。

下面就是如何重新定义和再创造某一特定服务的例子。假设你在一家有上千人规模的大型制造企业工作，负责几千员工的福利项目。目前最主要的问题就是医疗保险费用——简单来说，一有员工生病，为他支出的费用就会非常高昂，而且投保的人越多，开销也就越大。

起初你可能认为应该削减福利，以抑制成本，但是如果用预见力思维进行思考会产生怎样的结果呢？很多公司为了使员工保持良好的状态，给他们办了健身房的会员卡，作为增强其全球竞争力的一部分。有了它，员工们既能减肥，又能把胆固醇控制到不需药物治疗的程度。

我姐姐是一家国际就业安置公司的高管，这家公司曾经举办了一次珠峰登顶赛。当然不是真的去爬山，而是通过记录参赛者步数，用他们的排名来绘制出一座山。同时还能看出谁在山脚、谁在山顶。这太不可思议了！同样令人惊奇的是，这个办法不用削减员工福利就能减少员工的请假天数，并降低医疗开支。他们成功运用了创新型科技——穿戴式智能设备——来切实影响和改变未来。

扩大你的视野

从表面上看，摆脱竞争观念、重新定义和重塑的最直观形式是面向外部的，关注那些我们曾经与之竞争过的其他人、公司和组织。

但是，将视野扩大一点对我们也是有利的。例如，在打造预见力企业模型学习系统中提到的 8 种可引发革新的硬趋势的路径之一就是聚合化。顾名思义，聚合化就是融合多种事物，这是一个强大的硬趋势。从小范围内来看，至少你能亲眼看出，手机正逐渐集多种功能于一身。从摄影到高清视频，从 GPS 导航到观看有线电视节目，再到利用互联网探索这个充满信息的世界。这些功能曾经只能在不同的设备上一一实现，现在可大不一样了！

在更大规模的行业中，聚合化也会发生。同样你也会发现不同种行业——如电信业和家用电器业——已融为一体。这种硬趋势认为，大范围的聚合化趋势未来还将继续——无论是在已经经历过重大融合的行业，还是在还没有经历过融合的行业。

这就自然引出了一个预期的问题：聚合化趋势将会对你的行业有什么影响？它将融合哪些行业？未来会是什么样子？你能辨别出哪些软趋势和硬趋势会出现可预见的聚合化现象？你能否预测出哪些机会会让你大步向前、远离竞争？

我们先从外部条件来看，我们也要考虑一下顾客和消费者。聚合化会如何影响你的客户？你的客户会与哪种行业的消费者重合？他们希望哪些服务或产品永远融合在一起？融合后的产品售价又会如何变化？提前思考这些问题既可让你放弃竞争，又能领先对手。

这也跟我之前讨论的问题有点关系——导致未来巨变的因素总是出乎意料。从企业间的相互融合来看，你就能精准推测出颠覆者的出处，而不是只关注你熟知的几家企业。就像我之前说的，相较于目前赛场上的对手，我更关注那些看不见的竞争者，他们往往蕴含着令人意想不到的巨大颠覆性力量。不仅如此，能借助预见力思维看到这一点的你已经是一名颠覆者了。

再从内部条件角度考虑竞争问题。考虑一下聚合化和其他软、硬趋势将如何影响你的公司或企业。企业内部将受到怎样的影响？哪些产品或服务会被改变甚至完全淘汰？你能从完全可预测的趋势中发现哪些新机遇？

最后，从个人的角度来看。软、硬趋势会对你目前的工作和生活造成什么样的影响？为了更加美好的未来，你现在能对培训、教育等其他提升自我的方法做些什么？

以上这些观念能帮助你、你的团队和组织摆脱过度关注竞争的想法。比如，仔细想想完全可预测的硬趋势将如何影响你的工作，你就能快速领先对手。你将不再拘泥于赶超某个销售员的月销售额或比他人更快晋升的细枝末节。相反，你会考虑未来会应验的事实，努力寻找充满机遇的工作。你将不再在意你追我赶的游戏，因为你已遥遥领先。

与流行背道而驰

还有一个更简单的方法能让你跳出竞争的思维——如果所有人都对同一件事趋之若鹜，那你就跟他们逆向而行。

这就是我所谓的对立法则。在这个创新必然发生的时代里，想人之所不想就可看到别人看不到的事物，然后发掘巨大机遇。

企业运用对立法则为自己谋利益的例子不胜枚举。在星巴克（Starbucks）出现之前，咖啡只不过是餐桌上搭配奶油芝士百吉饼或黄油卷的廉价配角。而星巴克则打破常规，专卖昂贵的极品咖啡，甚至可以私人定制。最后，他们把咖啡从餐后饮品变成了餐桌上的焦点。

星巴克善于运用对立法则的另一个例子是，正在我写这本书的时候，它刚刚开了第一家意大利分店。想想看，传统观点认为，高品质咖啡在没有竞争对手的情况下才能卖得好，可星巴克却不这么认为——它们偏要在满大街都是闻名世界的特浓咖啡和卡布奇诺的国家开店。如果美国人去意大利旅游，他们就喜欢去星巴克，因为它舒适又熟悉。（这个结论可能失之偏颇，但早期有报道说，意大利的千禧一代也喜欢去星巴克——不仅图个新鲜，还因为那里可以免费无线上网。）

其他企业运用对立法则的例子也比比皆是。过去你只能去书店购买新书，亚马逊则改变了这种情况，它可以让读者不出家门就能在网上订书。如果买电子书可以立即到手；如果买传统纸质书，配送速度也很快。这之后亚马逊把经营范围从书籍扩大到了一切商品，它也迅速成为一家有着强大计算机运算力和服务器的科技公司。但亚马逊并没有把这些设备占为己有，相反，它将多余的容量作为虚拟服务出售给客户。

对立法则还能让你用其他方法避免竞争。有时，它就是让你苟延残喘或如日中天的分水岭。假设你是一个小零售商，新进驻的沃尔玛（Walmart）可能会让你感到害怕。你当然不能和它打价格战，要逆向而行。你可以提供更好的进店体验和更完善的售后服务，并深入了解消费者。这就是便利店的显著优势。这些策略和其他策略不是同一种竞争形式——通过提供沃尔玛做得不是特别好的服务和产品，就能让你完全避免和它正面交锋。

对立法则的运用也跟另一个重新定义和再创造的绝佳方式有关——略过法则。简而言之,它是指快速略过当下你面临的最大问题或挑战,然后去辨别根本问题的策略。一旦你发现了真正的问题,你就可轻而易举地找出解决方案。在沃尔玛的例子中,我们略过的问题是,怎样与以超低价为卖点的零售业巨头竞争,方法就是通过提供不同的优质服务来避免与沃尔玛的强项正面交锋。在第六章我会具体讲解略过法则。

重新定义风险管理

在当今这个不断发生巨变的大环境下,创新势在必行。在过去,创新也意味着固有的风险——一款新产品、一项新服务、一个新方向或其他重大的变化都伴有未知的不确定性。有了预期的心态,就不会冒这种风险了。使用硬趋势和软趋势以及 AO 模式的其他元素,我们可以更好地衡量管理创新的风险水平,从而做出更好更明智的选择。这是对风险管理的重新定义。

下面再回顾一下本章讨论的几个问题:

• 哪些硬趋势会对你的行业或公司造成直接影响?它们会对你的客户造成什么可预见的影响?你可以利用哪些新机遇来增强你的竞争力?

• 你希望看到哪些诸如销售额增长之类的软趋势发生?它们

是基于有充足调研支持的硬假设吗？或者说它们所根据的软假设是否仅仅看起来合理，但实际上却因没被证实而风险很高？这两种趋势的风险分别是什么？又有什么机会可以影响它们？

这些问题能让我们把风险和机遇联系起来，从而更高效地管理机遇。我们可以预测问题并提前化解前进路上的障碍，以进一步降低风险发生的概率。

"拥有预期心态的好处随处可见，当一个组织拥有一种预期心态时，员工就不会因为害怕失败而对提出潜在的突破性想法感到紧张，因为他们能有效地肯定事情的未来结果。"

在我与各行各业的公司或机构共事的过程中，他们总是有一个共同的话题，那就是不缺少创意。我不止一次地听到有人说："我们不缺创意。"言下之意很明显：我们怎么知道哪些创意是有前景的，哪些创意可能会导致灾难？

答案很简单。通过运用预见力思维法，并从硬趋势和软趋势的角度审视你的创意，你就能轻易地把有风险的创新从有把握、有前景的创新中区分出来。比如，一个创意是否源于已知的硬趋势？还是与之相反？运用这个方法就能辨别其中的风险。

此法的好处还不止这些。当一个组织抱着一种预期的心态时，员工就不会因为害怕失败而对提出潜在的开创性思想感到紧张，这一切源于他们对未来所做的确定性的有效的预测。不仅如此，领导者还可以鼓励全体员工，培养他们自身的预见力思维，从而帮助员工们摆脱看待新策略时"今天管用、明天未必"的旧思想，原因在于，多年的工作经验使员工目睹了很多领导的来来去去，而且领导的政策也是如此。其实，员工的流动性也是如此。

作为领导者，实行一项新策略或新政策时，一定要确保它有硬趋势支撑，不要让其他人觉得这只是你个人的决策。相反，它是基于未来的事实，这个趋势不可改变，面对未来才是唯一的选择。用这个方法可使员工更有信心、更有把握。

人没有办法完全规避风险。正如我之前说的，一个没有风险、只有确定性的世界是非常无趣的，但预见力思维法及其策略可让你更好地管理风险，从而更好地识别出机遇、利用机遇。同时你还要关注策略、服务和产品的重新定义、再改造过程，这样才能让你和你的公司超越竞争。

第六章　忽略问题才是问题的解决之道

我建议你先做一个简单的练习。想想你最大的问题，不管是跟工作、家庭或是其他任何方面有关。它是什么并不重要，只是想想你目前最有挑战、最麻烦的问题。

现在，我希望你忽略这个问题。

如果你和大多数人一样，你可能会觉得这个建议很离谱，至少不是什么特别有建设性的建议。你可能会问，忽略问题对我有用吗？这有助于我解决问题吗？

答案很简单：你会惊喜地发现，它会让你快速找到解决问题的办法。

略过问题法则是 AO 模式里最有效、最广泛应用的方法论之一。尽管如此，我在接触不同的客户或者给听众做演讲时，发现他们的反应往往跟你的反应一样。略过问题？听起来是好，但于事无补。这有什么好处呢？

为了更彻底地解决这个问题，采取略过法则不失为一个非常强有力的策略,它不仅可以让企业加速增长和创新,而且更具反讽意味的是,它也能解决所有看起来完全无法破解的难题。

我们解决问题的常规做法

在我讨论略过问题的功能之前,需要先解决一个主要问题。对我们大多数人来说,略过问题似乎毫无建设性意义。相反,它给人的感觉是在逃避问题——略过问题而不去解决,那只是躲避的态度罢了。从另一个角度来看,直面问题的做法在我们脑海里根深蒂固,毕竟每个人都会这么做。

就像本书中涉及的许多问题和策略一样,我也请你重新审视一下这种观念。虽然我们中的许多人常常倾向于直接处理问题,但这些行为往往反复无效,且不具建设性。想一想你是怎么下定决心,用自己的方法解决新近遇到的问题的。你在问题上花费的精力越多,它就显得越难以解决,结果你白白浪费了精力和同样重要的时间,并且这个问题仍会使你停滞不前。尽管如此,你仍然必须坚持自己的理念,不断重复地正视问题。

这都是因为你没有意识到,其实你可以略过一些问题,而且这个方法已被证明切实可用,不管问题看起来多么难以解决。

略过表面问题，抓住实质问题

有三种略过问题的方式，它们对加速创新和取得成功都至关重要。首先是略过你所认为的表面问题，去辨别和发现实际问题，并最终找到解决问题的方案。

关键点就在于，我们大多数人面对现有问题时总是辨别不出真正需要解决的实质性问题。这种情况在那些一眼看起来就让人害怕的问题上尤为明显——它们看起来根本无法解决。

但其实，在你看来的问题或挑战难以解决的原因是，你没有正确地进行辨别。试想，既然这真的是实质问题，那你付出了那么多时间和精力后为什么现在还解决不了呢？

让我们举个例子来进行具体说明。家具制造业的旺季往往在11月和12月，于是厂商们就想为这一年终盛事囤积货物。可问题总出在库存上——货物越存越多，很多家具公司误以为他们需要建造更大的仓库。

解决这个问题的部分是忽略它。我就知道有一个家具制造商鼓励零售店在现场就地存放额外的货物。这样做的效果很好！该公司不仅避免了额外建造仓库的麻烦，又使得零售店除了在年终销售之外全年的销售量也有所提高。这就是略过表面问题、转变思路寻找实质问题的典型案例。这个家具商的成功之处就在于，它从一开始就判断出了一般家具制造商容易出现的错误——以为需要建立更多的仓库。

要想正确辨别问题、高效解决问题，就必须运用略过法则。就像剥洋葱一样，必须一点儿一点儿剖析问题，多问几个为什么，然后找到最终解决问题的答案。就前文提到的家具制造商的例子而言，识别和解决问题也从这样一个问题开始：为什么我们需要建造更多的仓库？答案是：零售商还在销售他们的库存，没有提前订货。紧接着下一个问题是：为什么他们不想有更多库存？直到发现真正的问题为止，然后再将它解决。

惊讶于略过法则之强大的人绝对不止这些家具厂商。我常与各行各业的首席执行官共事，他们往往坚持认为自己发现了问题的根源，实则只是在错误的事情上浪费时间、金钱。这就好像在汽车修理店，店里非要问在路上撞你的车是雪佛兰（Chevy）还是福特（Ford）一样。哪种车撞了你又怎样？这就是后视镜思维。当务之急是去维修店做检查，并设法修好车。

还有一个简单的例子，它还涉及另一个重要法则，我将在下文进行更详细的讨论。我曾和一名负责拖拉机经销网的主管共事，他说他想要改变经销商安于现状的销售思路——顾客来买拖拉机或收割机，你就老老实实卖给了他，相反，他想鼓励他们销售解决问题的方案——例如数据分析法和其他可解决问题的科技，它们可以通过精确地监测生产数据让农场主知道哪块地的收成最好。

可问题是无论公司怎么敦促，他们都还是满足于做一个胸无大志的接单员。我了解了他们的薪资结构后才开始明白，原来经销商的收入大部分来源于销售联合收割机和其他设备的佣金，仅有一小部分源自与技术相关的解决问题的全面方案，因为它们的价值只能在使用过程中体现。

这就指出了真正问题所在——并非整个公司自身的体系有问题，而是薪酬机构有问题。应该奖励经销商向客户提供解决问题的方案，而不是只销售有形的商品。这样一来公司业绩才会大有起色。

我发现这条 AO 模式里的方法特别有益。当我把略过法则分享出去时，对人们了解到其重大价值后的反应，我感到非常欣慰。从某种程度上来说，它不仅是个非常实用的工具，还是个解放思想的过程。这些方法促使你思考潜在问题的解决方式，而非仅仅不断尝试一个个无用的方案。它解除了桎梏，让你大步向前。

"我发现 AO 模式中的这个元素特别有价值。我一直很喜欢和大家分享略过法则，喜欢观察许多人在理解其价值时的反应。从某种程度上来说，此法则不仅非常实用，而且对你而言几乎是一种解放。它可以让你自由地选择能从根本上解决问题的方案，而不仅仅是直接面对一个又一个无法解决的问题。你就像卸下枷锁一样自由地前进。"

完全跳出问题的陷阱

正如我前文所言，有三种略过法则。第一个是略过问题的表面，以便找到实质性问题，第二种是完全略过问题，第三个是略过问题的一部分。

下面就举例说明。在卢旺达等非洲国家里，大多数人口都分布在偏僻的农村，居民很难得到充足的医疗设备服务及其他重要的物资。然而，修路不仅非常耗时，造价也极其高昂。

而非洲政府采用了略过法则，通过无人机联结各个遥远的村庄，从而跳过了修路的问题。另外，非洲政府还希望他们的国民使用廉价的智能手机，略过建设实体银行的需要，还用学习软件来弥补参差不齐的教育水平。

这就是略过法则的基本概念：跳过特定的问题、麻烦或障碍。这又是一个打破常规观念的过程。我们总以为想要成功达成某个目标，每一步都非常重要。因此，按照传统观念就是按顺序一步一步走——先是步骤 A，然后步骤 B，再是步骤 C，不敢越雷池一步。

但按部就班并不总是必要的，事实上经常如此。我们总认为需要做的事很多，但事实并非如此。比如说，假设我要创办一家公司，需要获得资金。按照传统的想法是，在实际提供服务或产品之前，先向银行申请贷款，与风险投资家交谈，或采取其他方法以筹借资金。相反,为什么不跳过这一点,从你的第一个大客户那里获得融资?向他们以折扣价销售第一单产品怎么样?或者,向公众筹款怎么样?

下面还有一些例子:

一个小企业主接到许多新产品订单,但却没有充足的资金来生产。于是,他跳过了这个问题,通过预售有特殊优势的产品——如个性化定制——来填补资金缺口。

二氧化碳是全球气候变暖的罪魁祸首,但迄今为止,减少二氧化碳排放量的工作任务繁重而且代价昂贵。在一个运用略过法则的理想例子中,一家初创公司研制了一种可将二氧化碳制成化学品并循环利用二氧化碳的方法,这种化学品可被用于生产消费品。他们挖掘了一个有新闻价值的故事,从而得到了免费做全国性广告的机会。

就像略过表面问题、找寻实质性问题的法则一样——它与错误识别手头上的实际问题有关——完全略过也是一种使身心得到解放的体验。与其为某个解不开的难题苦苦挣扎,不如简单地略过它。在这个过程中,你可能会发现,有些问题从一开始就丝毫不值得浪费时间和精力。

另一种略过问题的方法是有效地将现存的问题分解成许多小项目。举个例子。假设你手头上有一份贵公司非常重要、成本较高的提案。在大多数情况下,这意味着你的提案得通过公司内部系统的层层审批，那你就得去找多个部门和主管。这一过程必须合乎程序，最后还得经过财务部门——很有可能要找很多次——才有可能被审批通过。

　　与其将整个提案作为一个庞大的、昂贵的项目整体送到公司审批，不如将它分解成更小的、可以很快获得批准的小项目。原因就在于，许多部门可能根本不需要看其职责以外的提案，这样就节约了提案层层审批所需的时间和成本。通过将较大的提案分解成一个个只与单个部门相关的成本较低的小项目，整个过程中涉及的不同人员和团体就可以更快地批准这些小项目。最后，再将这些小项目集合起来，仍然是原来的提案——只是少了漫长的等待，多了批准的图章而已。

加速成功

　　我上面分享的例子从各个方面都说明了略过法则的核心优势。简而言之，只要或略过表面问题，抓住实质问题，或完全忽略问题，或忽略问题的部分，你就能加速成功。只要你心中时刻谨记略过法则，你就能快速跳过难缠的麻烦，取得最后的成功。

　　需要再次强调的是，略过原则不只是为了简单地避免麻烦或忽视重要问题。相反，它是一种与众不同的、更有效地解决问题的方法，一种类似于"柔术"的方法，能够给我们提供解决问题新线索的概念。它经常提醒我们,略过一些看似必要的步骤,最终不仅依然可以而且能以更快的速度完成任务,或取得更好的结果。这就像苦于原地踏步的你突然低头发现左脚踩着刹车,右脚踩着油门一样。

以下是几个能够帮助你理解并掌握略过法则而获得显著成效的问题。

· 你解决的是实质问题吗?你对问题加以正确辨别了吗?

· 你的问题是否包含多个小问题?如果你的麻烦包括多个小问题,那么其解决方案就会过于复杂且难以奏效。

· 你的计划中有可以跳过的步骤吗?我们往往做自认为必须做的事情,这是我们一贯的做法。但是,能不能略过几个步骤来更快地解决问题?

· 能不能利用新科技来快速解决问题或完全略过问题?

· 你是否只因其他人都这么做,就仍在处理本可以轻易略过的问题?你在一味地模仿他人吗?

再次重申,很多人第一次接触略过原则时可能会感到不解。从那层意义上说,这与本书中的很多观点一致。我们通常鼓励人们逆向思维,但是,只要把略过法则与 AO 模式中的其他方法综合起来运用——包括在线 AO 项目所列出的实践练习——你就会发现,你解决问题和实现目标的方法会大不相同,你的未来观也会大有改观。

最后用一句大家都听说过的名言做结尾：干得卖力，不如干得聪明，这是对略过原则的一个绝妙总结。与其说艰苦、常规、有条不紊地工作是加速成功的唯一手段，还不如说采取更深思熟虑、更聪明的方法，这样更有利于解决问题。这并不是在回避问题，而是一种快速解决问题的途径。

第七章 识别并抓住改变游戏规则的机会

你已经学会了如何通过区分硬趋势和软趋势来预测巨变、问题和机遇，以及如何运用重新定义、再创造的概念将变化转化为优势，以及如何从中吸取重要的经验教训。这些方法和其他设备，如三个数码加速器，是 AO 模式的核心——以惊人的准确性预测未来，并由此为日常创新和指数级创新做好充足的准备。现在是我们开始挖掘机会和发掘塑造你未来的宝藏的时候了。

理解我们必须灵活运用 AO 模式中紧密协作的各种策略的道理很简单：漏掉其中任何一个或几个策略都会限制你创造卓越结果的能力。

另一方面，以深思熟虑、协调一致的方式综合运用这些策略，就可以让你找到最佳机会，加快创新，并达到最优效果。此时你就成了我所说的机会管理者。

什么是机会管理者？他们不仅能快速应对挑战，积极寻找可塑造未来的硬趋势，还能辨别机遇，抓住机遇，充分利用机遇，以发挥其最大的价值。从这一点来看,这无关你的职业,而在于努力寻找新机会以提升自我的价值。

如你所见,机会管理者与危机经理有很大差异。请别误会,你仍要处理各种危机情况。但同时,你仍需锻炼你作为机会管理者的技能。这就要求你时刻保持敏锐,用全新角度发掘机遇并善于辨别机遇、抓住机遇以分清风险和时机。同时你也得通过预测问题和提前解决问题来快速处理危机。

婴儿潮一代退休又如何?

为了展示 AO 模式各种策略之间的相互协作,让我们回到之前讨论过的硬趋势——美国婴儿潮一代的数量。毫无疑问,美国的 7590 万婴儿潮一代会逐渐变老,这就是一个简单明了的硬趋势。

以婴儿潮一代为例,他们不仅逐渐老去,而且退休的速度也非常快。正如我在上一章中提到的,和他们一起逝去的还有他们在几十年工作中积累的知识、经验和智慧。这些宝贵的经验财富虽然很可能是一种软趋势,但也有一定的影响。

所以,我们需要从这种趋势中发现价值,并把它们与机遇联系起来。当你看到婴儿潮一代将大批退休这种趋势时,有何感想?这只是条新闻吗?这里的问题是,如果不能从硬趋势或软趋势中找到可付诸行动的机遇,那它的战略价值就低多了。

同时,我们还必须强调,通过持续关注可预见的机会来研究硬趋势和软趋势的重要性。婴儿潮一代退休的例子说明,一旦他们走出公司的大门,他们的知识和经验等蕴含的相关机遇基本上也随之而去了。但是,用预见力思维想想,为什么不在他们退休前制订一个全面的指导计划,并通过此计划,把他们的技能和洞察力传授给年轻的同事呢?为什么不把他们的见解和成功经验通过动态的内部知识系统与大家分享呢?这种做法不仅是公司颇具远见卓识的体现,也是把各种趋势与重大机遇相联系的体现。

此外,把重新定义和再创造原则应用到导师培训计划当中,可以提升其影响力。例如,提起导师,多数人就会想到一个有经验的长者在对一个缺乏经验的年轻人进行一对一辅导的画面。这个极佳的模式经过漫长时间的沉淀而愈加完备,其价值和重要性也与日俱增。但我们甚至也能够在这种传统的一对一导师培训计划中注入新鲜的内涵,我就知道这样一个真实的案例。

我与一位在圣地亚哥(San Diego)生物科技公司工作的年轻博士很熟,有一次我问他,他们公司是否有导师培训计划,他说有,实际上他有 7 名导师!

我好奇地问这 7 名导师是否分管不同部门,他说不是。其实有些导师根本就不是公司的员工。有一些是顾客,还有一些是供应商。

然后我就更奇怪了，问他多久跟导师联系一次。他答一周，他需要联系到每位导师。当然，有的只是通过简短的谈话甚至是邮件，但总归有交流。

在我看来，导师培训计划确实改变了游戏规则，这也是我之前讨论过的重新定义和再创造的典型。我的这位年轻朋友不仅通过挖掘年纪更大、经验更丰富的同事的思想来达到预期目的，而且还克服了专业、学科、背景和其他因素的局限。

通过扩大一对一的培训模式——增加导师和学员——这种模式的潜力和价值就会大大放大。一对一模式所特有的扩大协同、知识和经验共享以及成员间的相互作用的特点，将会使老员工的知识和智慧仍然保留在公司内，并使公司及培训计划的参与者从中受益颇多。长此以往，就会生成智慧和知识数据库——企业的核心宝库。

此外，这种智慧数据库应该是动态的。企业中的每个人都可以添加、访问、修正和讨论库里的可操作知识。动态的知识才有价值，相比之下，静态数据库的价值寥寥。员工们不仅可以不间断地使用库里的动态知识，而且还可以不断地改进和丰富这些知识。这一过程既扩大了它的使用规模，也增加了其本身的价值。

这就又回到了硬趋势和软趋势的协同作用上。对那些已经学会辨别硬趋势和软趋势的人来说，这两种趋势随处可见。但是，立即对其采取行动也很必要，这才是一名机会管理者应该做的。

给机会做优先排序

"机会管理者"一词的字面意思是——你不仅能够识别各种各样的机会，还要管理、利用它们来增强你自身的优势。换句话说，你在控制机会，而不是相反。

正如我们前文所述，要想成为一名成功的机会管理者，首先得认识到 AO 模式中各种策略的相互作用。就像我们先前讨论的那样，单纯的一种策略不足以让你应对问题——更别提让你成功了。这个原则对想要成为机会管理者的人来说尤其如此。

但并非每个机会都同等重要。要想成为真正成功的机会管理者，你的一个重要技能就是要善于识别捕捉那些潜在的回报最大、风险最低和代价最小的机会。这就意味着有必要对各种机会进行排序。

从某种程度上来讲，机会等级的优先化有其重要性和迫切性。例如，假如你发现一个特定的可能对你的企业或组织的成长至关重要的机会，那我建议你立即采取行动。相比之下，另一个机会虽然可能潜力无穷，但却不那么紧迫。由于缺少更好的词语来表达它，我们就姑且把它叫作第二等级机会——一个用两三个月的时间就能高效完成的项目或任务。第三种机会，即最后一种机会也很重要，但是它对时间的要求比较宽松，比如长达 12 个月，甚至更久。

另一种给机遇排序的方法就是预测其效益。例如,有些机会在短期内即可取得不菲的收益,相反,有的则需要经过漫长时间的努力才能创造出真正具有颠覆性的产品或服务,即它需要大量周密的计划和反复的测验才能确保成功。所以我们需要做漫长的等待和充足的准备。这种机会可能有高回报,但也需要高付出。

这并不是说某种机会必然比另一种机会更好——绝非如此,而是说机会会以各种形式呈现,抓住机会所需的精力、金钱和时间并不对等。懂得不同的机会同时并存,懂得如何协调管理它们是成功的机会管理者需要具备的另一种技能。

机会管理也会影响计划的制订。就在不久前,各种公司和机构还在为未来10年或更长的时间制订计划。鉴于我们目前所经历的变化速度如此迅猛,机会也会稍纵即逝——看看翻盖手机被智能手机取代的速度有多快!这就意味着许多计划注定要被淘汰,原因就在于它们在很短的时间就过时了。

作为机会管理者,应该意识到如今计划的生命周期已被大大压缩,需要在更短的时间内不断制订和调整。正如我们前面讨论的,其实有些计划可能需要很长时间才能有所收益。而有的则不然,机会管理者应该根据机遇的重要性和紧迫性灵活地制订和调整计划(见图4)。

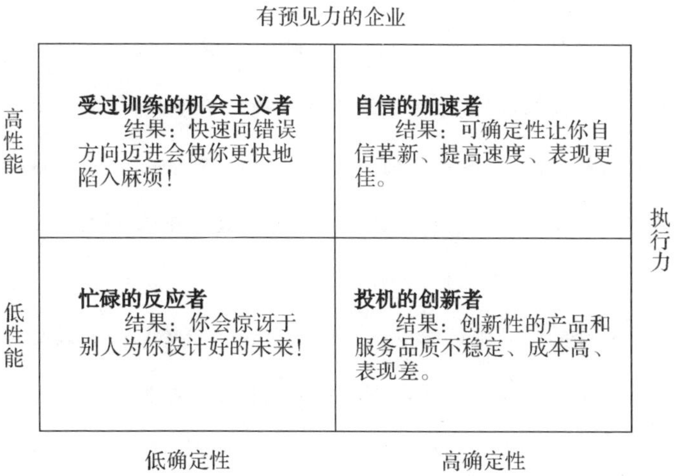

有预见力的企业

	低确定性	高确定性
高性能	**受过训练的机会主义者** 　结果：快速向错误方向迈进会使你更快地陷入麻烦！	**自信的加速者** 　结果：可确定性让你自信革新、提高速度、表现更佳。
低性能	**忙碌的反应者** 　结果：你会惊讶于别人为你设计好的未来！	**投机的创新者** 　结果：创新性的产品和服务品质不稳定、成本高、表现差。

执行力

图 4　正确制订计划和调整计划的重要性

留心寻找巨变

最具价值的机遇往往源于可预测的巨变——它们可以颠覆整个行业，是真正彻底的游戏规则改变者。寻找颠覆性机遇时，也不要忘了很有可能给你带来颠覆性机遇的强大硬趋势。

我们已经发现了很多这样的硬趋势，像人口统计学数据、政府政策法规和不断涌现的新兴技术等，用我所说的"颠覆性意图"来考量它们非常重要。

试想，政府制定和实施的监管无人机和无人驾驶车的法规是否存在问题？会不会蕴含着能打破现状的强大颠覆性机会呢？

人口统计是另一个孕育巨变的肥沃土壤。例如，人口统计数据显示，妇女在各种技术领域极不受重视。鉴于此，如果某家公司以招收女员工闻名，并在先前男性主导的领域内遥遥领先，这会不会蕴藏着颠覆性的机遇呢？这可能意味着建立强大的人才库也是一种能力，并由此推动日常创新和指数级创新。

普遍性的问题中可能也蕴含着机遇。硬趋势是否会以某种特殊形式的挑战出现？例如，必须开始运用云计算和虚拟服务器是许多企业普遍面临的问题，这就是一个范例。如何有效解决这一问题，并创造新的颠覆性机会呢？

也要关注一下你的客户。作为你的产品和服务的终端用户，他们也能助你辨别颠覆性机遇。例如，根据他们现在和未来的情况，他们可能会面临哪些问题？哪些硬趋势会颠覆他们当前的经营模式？你要征求他们的反馈意见，然后想想怎么在问题变得一发不可收拾之前找到解决问题的方案。

此外，不要忽视通往创新的第八个硬趋势路径——聚合化。它不仅是一种解决客户问题的方式，也是一种识别和利用颠覆性机会的方法。就拿前面举过的例子来说，哪些工具或科技产品体积变小后作用更大？例如，剑桥大学的工程师们就研发出了一种小到可以放在活细胞中的发动机！同样，所谓的立方体卫星——更小版的卫星——也正在太空中被用来提供更大卫星才能提供的商业和科学服务,但成本要低得多。

上述方法和其他策略都是不同类型的"镜头",你能从中发现、识别和放大颠覆性机会,从而提出解决问题的方法。它还能帮助你区分各种机会的等级。有些策略可能只会对现状带来微小的改变,而有些则会使你成为游戏规则的改变者。

从正、反两方面考虑问题

你可能还记得,在第二章我讲过软趋势都是假定的——硬假设或软假设。其中硬假设源于可靠数据,而软假设则更多地出于直觉,所以源于硬趋势的硬假设风险较小,而软假设则有更大的不确定性。

说到利用各种软趋势来成为机会管理者,还要记住另外两种软趋势:我们希望发生的软趋势(长寿、健康、加薪)和我们想要改变的软趋势(肥胖或销量下滑)。虽然处理这两种软趋势的方法截然不同,但它们蕴含着巨大机遇。

一方面,诸如人的寿命延长这样的软趋势很受欢迎。当然,请你记住,每一种趋势都有好的一面,也有坏的一面——这就意味着你需要从正、反两个方面来看待每一种软趋势,以从中获得机会。鉴于人们的寿命越来越长这种软趋势,有哪些机会有助于人们不仅寿命更长,而且还活得更健康、更有价值? 而我们自身又能做些什么来达到这些目标,且不出现一系列的医疗问题?实际上,一名机会管理者应积极掌控软趋势,并利用其优势,而非抵触它。

另一方面,有的软趋势则没那么吸引人,包括网络犯罪的增加、更频繁和颇具破坏性的安全违规、医疗费用的增长等其他类似的问题和事件。在这种情况下,软趋势给我们提供的机会更多的是为我们制订解决问题的方案提供参考。与我们喜欢的软趋势的积极影响相反,我们需要延缓或消除这种软趋势的负面影响,并寻找机会改变它。例如用行为分析学来减少网络犯罪,或者鼓励驾驶电动汽车以减缓全球变暖。正如前面举过的例子,很多公司鼓励黑客来发现公司的网络安全漏洞,并奖励做出最大贡献的人。

在此要传达的信息是,管理机会并不局限于其积极方面,也不局限于那些需要解决的问题。一个真正的机会管理者要学会从正、反两方面考虑问题,因为不管是我们喜欢或不喜欢的软趋势,它都蕴藏着重大机遇。

此外,用同样的分析框架来处理积极和消极的软趋势也很重要。首先,你要分清哪些是唾手可得的目标——在短时间内可以给公司带来巨大回报的机会,而哪些软趋势——无论是积极的还是消极的——需要长期关注,或者不需要立即处理。此外,也要分清楚这些机会是来自内部的,还是来自外部客户,或者来自于公司外的其他因素，比如员工或客户数量的变化。

在短期机会和其他软趋势之间取得平衡也很有价值，这些趋势需要更长的时间才能产生影响并取得成果。大家可以从低收入、快回报的机会开始。同时，也要为鼓励长期机会做准备。

最后，一定要分析所有软趋势背后的假设。硬假设使人更具信心，风险较低；而软假设则意味着信心降低，风险加大。在进一步比较后，你就会发现有哪些软假设看起来像是硬假设，反之亦然。了解并辨别不同类型的软趋势有助于你更好地找准方向、抓住机遇、合理地分配时间和精力。

没有预见力就不会成功

本章最后一节的标题概括了成为一名机会管理者的重要意义。简单来讲，在过去，即使你没有预见力，也有可能成功，但未来绝不可能如此——预见力至关重要。对于未来我们将要经历的呈指数级演进的变化来说，这是一项必要能力。

这就是为什么本章的重点是寻找并利用技术创新给我们带来的各种机会。过去，做一个应变者就足够了——遇到某些问题、变化和事件，尽力应对足矣。更快地应对挑战会让你变得灵活，但现在这已远远不够了。做一名机会管理者，不仅要识别机会，还要能利用、主导机会，并使得机会朝着能给你带来最大回报的方向发展。机会管理者能主导并掌控由内而外的改变，而非被迫应对外界的变故。

正如前文所说，成为一名机会管理者并不意味着消除所有不确定性因素，也不是说未来就不需要面对任何危机。但它能帮你有效地预测未来，从而让你和身边人的未来都有所改观。同时，机会管理者所涵盖的技能还能提升你的未来观，这就会直接影响到你当前的行动，然后又反过来影响未来。这就是我们下一章要讲的内容。

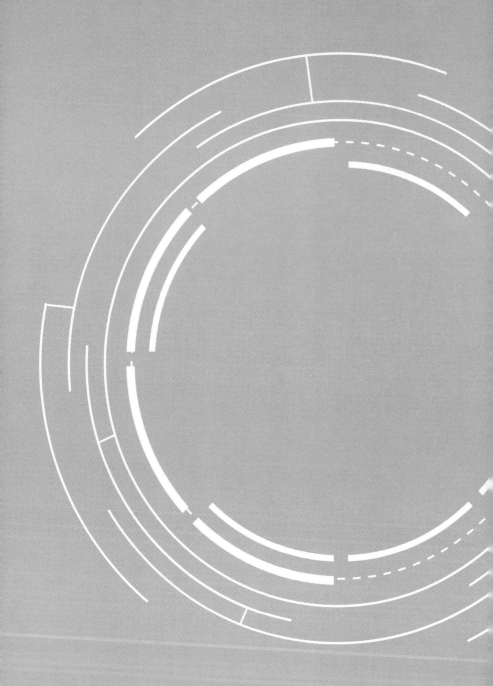

The Anticipatory Organization

Turn Disruption and Change

into Opportunity and Advantage

第三部分

加速成功：与客户和合作伙伴紧密相依

第八章　提升你的未来观

经常令我感到惊讶的是，我们并没有花更多的时间思考和规划未来。但是，正如我之前提到的那样，未来才是我们为之奋斗的主战场。

你的未来观对现在的影响非常大，这远远超过了我们许多人对此的认知。在发展和利用预见力思维的过程中，重要的是要理解未来绝不会在真空中运行。相反，它是双向的。你现在的行为决定了你的未来，同样，你对未来的看法也会影响你现在的思考和行为方式。

这一切都与被我称为未来观的法则有关。尽管我们看待未来的方式不一，但每个人都有自己的未来观。不管是当下还是未来，当下你的所作所为会对个人及企业产生巨大影响。

未来观的定义

早在 20 世纪 80 年代初期，我就提出了未来观法则。简要来讲，你对未来的看法会影响你当前的行为。不仅如此，你现在的行为也会影响未来。换句话说，你的未来观决定了未来的你。这就自然引出一个问题：你的未来观是否基于不可控的因素？你是以前瞻性思维还是后视镜思维审视未来？

在某种程度上，未来观法则是一个极具个性化和差异化的法则。例如，有人在买进脸谱网股票，同时，也有人在卖出该股票。这两种人之间的区别就在于，他们对脸谱网的未来有不同的看法。尽管他们出于各种原因买卖该股票，但其核心是投资者对公司发展前景的看法不一。买进者对公司的未来普遍持乐观态度，而卖出者则大多持消极态度。

未来观对不同类型、不同规模的企业都有重大的影响。如果你在经营一家企业，那么自己思量一下：你的顾客或客户会不会想要与另一家公司合作？为什么会这样？这是因为他们对与你合作的未来持消极的态度。另一方面，也有一些客户打算与你继续合作，这是因为他们对目前或未来与你做生意的前景持积极态度。同样，这两种客户的区别在于他们对你做生意的未来观不同。

对企业来说，未来观也是一股强大的力量。例如，此刻你公司中的优秀员工可能正通过领英求职网（LinkedIn）或其他途径悄悄寻找新的工作。与此同时，就在几间办公室外或者另一层楼上，可能也有一群一流的员工迫不及待地想来你公司上班。他们非常看好公司的前景，绝不会去其他公司工作。

这不一定与钱有关（尽管会有这种可能），而可能是因为不同的员工对公司有着不同的未来观。有些人，比如那些回复招聘广告并偷偷到处投简历的人，他们可能对目前公司的未来不太乐观或对自己的职位不太满意。另一方面，从一而终的员工则对公司的未来以及他们继续留在公司的收入持乐观态度。

上述例子表明，未来观深刻影响着我们生活中的方方面面。如果对企业普遍的未来观是积极的——比如那些从不考虑换工作的员工——那么你和他们的所思所做就会受到更大的鼓励和支持。也许那些对未来持积极态度的员工会在工作中表现得更出色。因此，不仅公司的明天会更加辉煌，那些员工也会获得更多升职加薪的机会。

未来观的作用同样适用于那些消极看待未来的人。如果员工认为公司的前景不好，那么当下他们就会消极怠工。他们认为，既然自己不会在公司待太久，就没有必要为目前的工作付出太多精力或承担责任。对他们来说，换份工作才是最好的选择。

总而言之，你的未来观决定你的未来，同时也影响着现在的你。

未来观的成因与影响

如你所知，悲观的未来观可能会带来多重消极影响。这就引发了一个突出的问题:既然后果如此严重,那么人们为什么会形成消极的未来观呢?

大部分原因可归结为我们之前讨论过的一个法则——后视镜思维。再重复一下,后视镜思维就是用过去的思维看未来。以往的经历就像锚一样,阻止了你前进的步伐。举个例子,假设你是一位零售商,网上购物的蓬勃发展使你对实体零售店的前景持消极态度——其实传统零售业的好日子已一去不复返了——你对未来的看法反映了这一点。所以如果不放眼未来,那么你的未来观将会是消极悲观的。你现在的所思所做就体现了你的未来观,而它又反过来积极塑造了你的未来。

我并非刻意提及零售业。其实,所有公司、机构,甚至包括医疗、运输、教育在内的各行各业,都会受到后视镜思维的消极影响,这是因为后视镜思维的确会导致不准确的未来观。这种情况很可悲,因为我们本可以发掘大量机会,抓住机会做出积极的改变。后视镜思维使我们认为,即使运用了可塑造未来的硬趋势和大量绝佳的颠覆性机遇,我们的未来也远不如想象中那么美好。但其实只要你运用预见力思维发掘机会,你的行动和未来都会随之改变。

对整个企业而言,未来观显得尤为重要。无论公司或企业的大小,统一的未来观是一针融合剂。它用清晰明确的目标将人们牢牢凝聚在一起。

未来观比使命和愿景的外延更广泛。使命体现了企业的组建目的,而愿景则指企业的发展方向和目标,并用于内部决策。

虽然使命和愿景的意义重大,但它们也有重大缺陷。首先,极有可能大多数人都不知道企业的使命或愿景是什么,或者干脆将两者混为一谈。这就意味着它们对塑造员工思维与增强员工行动力的作用不大。其次,使命和愿景通常在很长一段时间内都不会改变。鉴于我们当前和未来都会经历巨变,那就意味着它们展现了后视镜思维,因为它们根本没有反映未来。

相比之下,共同的未来观能提升企业整体的凝聚力。无论我们是否意识到,每个人都将受其影响,它将直接影响我们的日常行为。一个共同的未来观能让企业团结一心而非四分五裂,从而让员工更有使命感,并引发他们对未来巨大机遇的共同关注。它让所有人都信心百倍,使企业勇往直前。

相反,如果人们的未来观大相径庭,即使不具完全破坏性,也会后患无穷。如果企业或机构内的人们对未来的看法五花八门,那么他们就像一盘散沙。每个人对组织的未来都有不同的看法,这就说明组织内没有能使人团结一致的明确目标(见图5)。

举个例子。当我与一家德国大型汽车制造商合作时,我鼓励其首席执行官征求员工对公司未来的看法。员工们都以书面形式写下了他们对公司未来的看法,但是当首席执行官看到员工写下的看法后惊呆了:他们的观点五花八门,完全没有连贯性和一致性。对于一家憧憬美好未来的汽车公司而言,这种杂乱无章的未

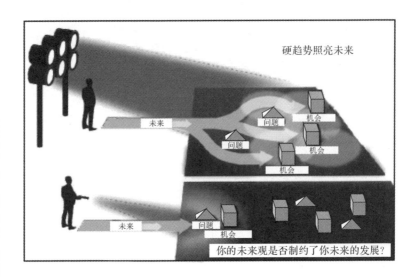

图 5　统一的未来观与杂乱的未来观对企业的影响

来观就像一辆踩着刹车片却在加速的汽车,不知目的地在哪里。

　　进一步讲,他们自然有一个战略规划——但正如我们刚才提到的,这并不能产生共同的未来观。此外,细看他们的战略规划后,我发现,很明显他们没有考虑到彻底颠覆汽车制造业的变革。换句话说,因为它并不会朝实际方向发展,即便他们有共同的未来观,那他们所展望的未来也是子虚乌有。未来一向变幻莫测,如果你的未来观不能随之更新,那么虽然你也能抵达未来,只不过没有客户罢了。

　　产品、服务和生产流程都可以从其他企业复制或模仿习得,但基于共同思维模式的未来观所带来的优势却难以复制。企业文化根本无从模仿，因为它独一无二。这就是为什么当你将预见力思维与未来观结合起来时会产生无可比拟的强大优势。另外，毫不夸张地讲，杂乱落后的未来观会使员工人心散乱，甚至使企业文化土崩瓦解。

基于硬趋势可塑造未来这一确定性的论调，一个共享的积极未来观是普遍存在的。例如，当我们展望未来时，我们都倾向于关注日常可见的技术进步。这虽然是完全可以理解的，但是因为我们今天做的事情在几年前根本不可能，那么未来两年我们也会做一些在今天不敢想象的事情，因此具有预见力思维必不可少。而真正重要的问题是，我们如何将包括今天的和明天的这些工具创造性地使用起来。如果企业员工没有共同的未来观，或工作时不懂得运用预见力思维，那么再完美的工具也不能完全发挥作用。因为这两者提供了可促进指数级创新的竞争优势，而其他人则只能被迫应对或模仿。

此外，共同的未来观不应仅局限于企业内部的成员。为了加速成功，客户、供应商、战略合作伙伴、商业盟友和销售代理的未来观都应当一致。如果他们拥有和你相同的未来观，都注重通力合作以共创未来，那么他们的行动将会和你的步调一致，这就会产生强大、集中的协同效应，因此你们都将更快地迈向未来。你将领导他人，而非追随他人。

培育组织内部成员共同的未来观

既然一个有着共同未来观的企业可以从各个方面迸发出强大的创新力与活力，那就引发出下一个问题：你如何在企业内建立并培育出积极的共同的未来观？

有必要着眼于你与硬趋势之间的关系来审视你的公司或组织。首先，你要找出那些正在塑造你的企业、行业、产品和服务的硬趋势，然后考虑一下：你的未来观是否与这些强大的力量一致？例如，如果你的工作与客户服务有关，那么你的客户是否能随时下载可答疑解惑的手机应用程序？你是否可以利用人工智能技术和数字化助手帮公司打造品牌，并为客户量身定制有针对性的全天候咨询服务？

另一种建设共同未来观的方法是检测企业的日常活动。一个基于塑造未来趋势、积极、共享的未来观正在使企业从内向外发生积极、直接的改变。相比之下，对未来观存在分歧的企业则普遍更加被动——被动地根据外部事件和条件做出反应。

一个具有共享的建设性未来观的组织也非常注重沟通。如果一家公司或组织的领导有乐观的未来观，那么他们不仅要使它成为自己公司或组织的功能和文化的一部分，而且还要把它传递给公司或组织的每一个人。实际上，他们会说：这就是我要的未来，这就是我们如此激动地想跟你分享未来观的原因。

未来观在很多方面都能发挥建设性作用。通过传播意义非凡的共享未来观并强调其重要性，你就能构建一个富有包容性的企业。实际上，你是在告诉你的员工，你重视他们、需要他们，也希望他们能感受到你愿意与他们并肩奋斗的激情。这种方式会鼓励优秀员工留下来与组织共同成长，而不是到处寻求更多机会或个人及职业的成就感。

举个我亲身经历的例子。我曾与一家拥有50多所分院的大型连锁医院合作。其首席执行官认为，大多数员工都对医疗保健业的前景感到悲观——他们认为医疗保健业的黄金时代已一去不复返。因此，他们对该行业的未来几乎不抱任何希望。在这种情况下，医院不仅难以留住优秀员工，也很难做出建设性的变革和创新。

预测客户需求和内部需求

我们已探讨了预见力思维对培养精确预测各种机遇的能力的重要性。无论对企业还是个人来说，预见力思维对提高预测需求的能力都非常有帮助。

正如你可以利用硬趋势来衡量你的企业是否具有共同的积极未来观一样，你也可以用它来建设企业文化。通过这种文化，在需求、问题和颠覆性机会出现之前你就能识别它们。

下面我用一个场景来说明如何应用这一点。假设你正向房地产投资商推销一个修建新的购物中心的计划。不难想象,由于担心实体零售业会很快过时,这对他们来说可能是一项糟糕的投资。但是,预见到这个问题的你可以明确指出,人是社交动物,他们需要从电脑前起身去躬身体验美食、娱乐和惊喜等。此外,许多人仍需要切身去看、感受、触摸或尝试他们感兴趣的东西。所以问题的关键是,在购物中心内设计出比以往更好的购物体验,从而使商场保持活力、焕发生机。

此外,购物中心开发商的客户通常是零售商,他们和诸如亚马逊等在线零售商一样,正不断推出新产品。所以他们就得向消费者宣传新产品——而这一过程往往在实体店内才最有效。

这还与可引发创新的八大硬趋势之一——流动性有关。消费者可以使用智能手机和可穿戴设备,这使得他们几乎能接触到所有的东西。沿着这个方向思考,购物中心可以被设计成体验中心,可以将手机厂商提供的最新手机作为体验的一部分。因此,消费者就会希望商场或手机厂商推出个性化的移动程序,以便了解本周的最新动态和有趣的内容。

虽然我们只是在谈论购物中心,但预测客户需求不应仅局限于此,而且不一定都与技术直接相关。例如,步入商店的顾客可能只想买自己需要的商品。但在拿出信用卡前,她拿出手机与其他零售店的价格做了一下比较。你能保证自己的价格永远低于顾客在手机上发现的同类产品的价格吗？通过预测消费者的需求可以确保他们获得自己想要的物美价廉的产品，而贵公司则提高了销售额。

预测需求也适用于组织内部。例如，随着健康类智能手机应用程序的推广，医院可以预测到这必然会带来大量的医护需求。移动技术在学生群体中日渐普及，学校也可由此预测出课程设置的变化。

预测需求可使企业和个人在出现问题之前就找出解决问题的办法。这既可以防止问题发生后的被动，也可以推动针对该问题的产品与服务创新。

此外，预测需求不仅关乎新工具的开发，还涉及如何创造性地使用它们。例如，当今社会手机应用无处不在，这本身不是什么新鲜事，关键是如何根据机遇和需求设计它们。举个例子。手机购物应用程序随处可见，但在大型商场购物时，消费者常常需要在排排货架中费心地寻找心仪的商品。针对这一需求，并结合实际情况，我们大可设计出一款快速定位商品的应用程序。消费者可以用它轻而易举地找到鞋子、电视以及最新的流感药。那么负责提供帮助的服务人员在哪里？有了这款应用后，你只需轻轻点一下手机，客服就会赶来帮你。

更快走出失败，就能更快成长

我们总是习惯用后视镜思维来看问题。例如，你回想一下事情不按照预期进行时人们的做法。传统的观念认为，要继续努力、坚持到底、永不言弃。如果你失败了，那就再试一次。

其实在许多情况下，这并不是一种好心态。在这个世界上没有什么事情是完美的。无论你如何定义失败，我们都难免要在生命的某个阶段经历失败，而且很有可能是无数次。所以承认失败并为现实制订计划的意义重大。

AO体系的另一个法则也很重要，即快速走出失败的阴影。

许多企业、机构和个人都在失败后无法自拔。比如，一家公司收到许多不良产品的反馈和评论。他们常常花费多年时间去调整、重新设计，并做出其他努力，以试图解决根本无法修复的核心问题。再举个例子，一家公司的产品或服务被竞争对手的新产品彻底打败后，接下来一般会发生什么？尽管他们的产品或服务已经过时、不合时宜，但该公司仍旧苟延残喘。沉溺于失败不仅代价高昂，也于事无补。就像柯达、百视达、戴尔、惠普等公司那样！

就个人而言，你是否雇用过刚入职不久就感觉不合适的人？尽管如此，你还是让他们留了下来，给了他们实践机会，并指明了他们需要解决和改进的问题。但两年后你才完全意识到，他们其实从一开始就是糟糕的员工。

上述例子强调了快速走出失败的重要性。它不仅能使你忘掉挫败感，还能帮助你更快地成长。换句话说，你要分析失败的原因，总结出经验教训，然后继续前进，而非毫无意义地沉浸于失败之中。

还有一点也很重要，那就是要做出决定，何时该快速走出失败而非一味地从头再来。

利用硬趋势就可以帮你进行判断。如果硬趋势与你正在做的事情（或计划做的事情）背道而驰，那么这个迹象就是一个相当可靠的晴雨表。所以快速走出失败并继续前进才是最明智的选择。此外，从规划的角度来看，定期回顾计划也很有必要。这不仅可以让你确认计划是否仍然有效，还有助于你快速消除失败所带来的消极影响。

快速走出失败也意味着与他人分享你从失败中吸取的经验教训。假设我经营着一家有 500 名销售人员的公司。407 号销售人员试图发展几个客户，但以失败告终。总结经验后，她对另一位客户尝试了一种不同的方法，结果取得了非凡的成功。与此同时，202 号销售人员犯了同 407 号销售人员一样的错误，这恰恰就是因为她没有从同事的失败中吸取教训。如果不分享你的失败教训，那么别人也会重复同样的错误。你要充分挖掘失败的价值，然后向身边人分享你学到的经验教训。越快速走出失败，你就能越快地成长！

没有人喜欢失败。但从另一个角度来看，如果你没有从失败中学到有价值的东西，那么失败仅仅是失败。此外，如果你总是成功，那就永远不会想起创新。沉溺于失败中，只会让你处于防御性的保护模式——一种反应而非预测的状态。更好、更有建设性的做法是能尽快从失败中吸取教训，并将注意力重新集中在影响现在和未来的硬趋势上。

第九章　关系网是未来的关键

当今社会，人们热衷于科技不足为奇。科技的蓬勃发展使生活发生了翻天覆地的变化。这就不难理解我们为什么如此狂热地追求各种先进技术，甚至对其产生依赖。

但有的时候，我会怀疑这股热爱是否过了头。

下面举个例子。假设你在一个绝美之地休闲度假——比如说，法国南部或科罗拉多大峡谷，人们愿意跋涉千里到此观光——但当你环顾四周欣赏美景时，总会情不自禁地注意到你认识的人碰巧也在那里。

他们中的许多人都在做什么？他们正盯着自己的智能手机或平板电脑，头也不抬，对四周的美景视而不见。事实上，你也可能是他们中的一员。

乍一看，这个世界似乎已经完全科技化了。你的眼里只有它，其他的无论是自然景观还是身边人，你都置若罔闻。

鉴于本书以强调科学技术为特色，你可能会认为我也赞同当今社会科技决定一切的观点。其实，我并不持有这种观点。世界仍是一个鲜活的世界。在这个社会中，无论科学技术如何迅猛发展，取得的进步如何之大，积极的人际关系都是最重要的。

人际关系决定一切

AO模式里的硬趋势可被用来识别未来的确定性。在已被辨别的数百条确定性中，有一条最为瞩目：未来建立在人际关系的基础之上。

诚然，目前科技正飞速发展，其蕴含的惊人能量也与日俱增。但是，跟建设性的、互信的人际关系相比，世界上任何一种科技都稍逊一筹。没有了人际关系，再了不起的技术又有何用？

诚然，人际关系有好有坏。良好的人际关系建立在高度信任的基础上。当然，信任必须靠自己赢得，是通过你正确的价值观、守信、诚实、正直、彼此尊重等类似的优良品质获得的。

同样重要的是，你肯定也不想让别人不信任你。然而，这种情况经常发生——不是因为人们天生邪恶或不守信用，而是因为他们没有料到，当前的所作所为会影响未来。这一现象常常会发生，尤其会发生在企业中。一家企业往往需要许多年时间才能赢得客户的信任，并树立良好的声誉。可能某时企业实施了一项变革，客户对他们的信任便立刻土崩瓦解。也许企业修改了隐私保护政策，并向他人出售客户信息，这一举措可能会让客户觉得："看来我就不该相信这家公司。他们现在这么做，说不定将来也会再次变卦。"这样就会出现潜在客户大量流失的问题。

我们可以利用 AO 模式的一个核心原则，即奖励法，来增进信任。例如，与其改变所有客户的隐私政策，不如只更改新客户的。而老客户则可以自行选择是否更改，如果接受新政策的话，他们就可享受折扣或其他优惠。实际上，这样做是为了给老客户选择的机会，并征得他们的许可。许多人愿意享受折扣，并同意接受新政策，而对于那些不愿意的客户继续执行原有政策即可。

当然，信任也是优秀企业文化的重要组成部分。当谈到企业变革时，这一点尤为正确。因为不管你是首席执行官、部门经理还是主管，在某些时候你都必须实施变革，而这种变革会影响到某个人——也可能是许多人——可能是企业内部的人，也可能是企业外部的人。

幸运的是，使用预见力思维对企业进行变革大有裨益，它可能会带来最好的结果。在实施任何形式的变革前都要问问自己："我与受变革影响的那些人之间的信任度如何？是高度信任还是根本就不信任？如果我们以某种方式实施变革，这会对我们之间的信任度产生怎样的影响？"

对这些问题的思考尤为宝贵。你可能知道，按计划变革也许会损害你的信用。如果的确如此，那就要转变变革方式，避免自己的信用受影响。此外，只要有员工提出增进互信的办法，就应该公开奖励他们，这样就向全公司释放了欢迎谏言的信号。

运用 AO 模式把握人们对过去、现在和未来的态度也有利于增进和巩固信任。这都归功于我称之为时空旅行法的策略。

进行一次时空旅行

第一次参观某个先进机器人技术实验室时，我看到工作人员正在调试一个动力外骨骼装备。一名护士戴上它后就像穿上了紧身衣一样，然后她竟然能将一个体重超过她两倍的病人抬上床。那一刻，我仿佛看到了未来——我穿越到了未来。

那一周以后，我拜访了一位特斯拉汽车经销商，并试驾了一款新型的 SUV——特斯拉 Model X。这使我又一次感受到了未来。我决定拿它与其他高端品牌的 SUV 做比较，于是我又试驾了某些顶级奢侈品牌的车型。但与驾驶特斯拉的体验相比，我感觉自己仿佛又回到了过去。如果你也有类似体验的话，那么我们实际上一直在过去、现在、未来间穿梭。

人们对过去、现在和未来的看法各不相同，这一点也不奇怪。但能统一分歧的企业不仅能更加注重未来，还能加速成功。关键就在于明确自己和他人对过去、现在及未来的看法后尊重对方，并根据可塑造未来的硬趋势共同努力。所以说及时了解员工、团队、部门和客户对过去、现在及未来的看法就至关重要,它能使你们高效沟通,并加快实现目标。这就是时空旅行的巨大作用。在本书中,我将重点介绍个人如何学习使用这套工具。这个方法也同样适用于团队、部门和客户。

沉溺于过去的人就是一个极端例子,他们很难接受变革,所以他们往往会强烈地抵制变革。但这并不意味着倾向于过去的人会永远沉溺于过去而无法自拔,抑或看不到未来的潜在趋势。几年前,我给一家大型建筑公司的高管层演讲。发言前,几位高管提醒我说,公司里有一位工作多年的总经理,他的职业生涯非常辉煌,对整个行业非常了解,甚至还写了好几本行业专著。但他坚决抵制一切形式的变革和新技术,他甚至不用智能手机和平板电脑。尽管公司越来越多地运用新技术来规划设计,例如用定位系统(GPS)追踪人和车辆、用移动通信设备协助员工的工作,但他仍坚持认为,正是这些新工具使得企业走向了不归路,它不利于公司的发展。同事们对他也无可奈何。

显然,这位经理是典型的过去导向型人群。如果我忽视这个特殊情况,直接开始演讲,那么他可能会更加固执。因此,发言前我去找他聊天。由于我对他的情况非常了解,所以我们很快就熟悉起来。他对过去的经历侃侃而谈,随后我问他是否用过智能手机或平板电脑上的应用软件。"没有,"他轻蔑地说,"我从不用那玩意儿。"我说我用过几个很有用的软件,并问他想不想看看——

这一步旨在征求他的意见。经他同意后，我向他介绍了一款可节约时间、提供便利的应用软件，对此他非常惊讶。接着我又向他介绍了另外一款软件，这同样令他印象深刻。在看了三款不同的应用软件后，他决定要买一部智能手机！

两个月后，那些事先提醒我的高管纷纷给我打电话，说那位经理彻底变了。现在他完全认可了新技术。更重要的是，他对未来充满了期待。从此他不再拖后腿，而是帮助公司以前所未有的速度快速发展。

接下来，让我们来看看具备当前导向型思维的人如何看待问题。他们虽然看到了未来的发展趋势，却很少花时间来准备，因为他们忙着处理"当务之急"。不同于主动预测变革的人，他们永远视变革和颠覆为危机，而非可获取竞争优势的机遇和途径。

我曾遇见过一家专业的中介公司，其销售团队是典型的当前导向型人群。每当市场发生颠覆性改变或公司引进新型销售策略或工具时，他们都需要很长时间才能接受。这是因为他们不清楚未来的发展方向，也不知道如何利用这些新方法来加速成功。他们太过拘泥于当下，从而无法应对外界的变化。因此，让他们变得有预见力的关键，就是帮助他们认清企业当前过分拘泥于当下的局限，并用全新的思维方式带他们走向未来。

例如，许多同类公司都会根据服务时长和实物损耗来收费，还和竞争对手打价格战。但想想诸如智能手机、平板电脑及穿戴式电子设备等科技是如何以日新月异的速度发展,如何改变了人们的生活,这些公司就会相信,迅猛发展的科学技术能使人们用更少的时间来创造更多的财富。因此,如果仍旧按时收费而非按服务价值收费,那么企业的年收入将不断递减。意识到这一点后,公司就会主动转变思维方式。与其让公司惧怕未来,还不如用这种方式帮助它们认清局势,然后大步走向未来。

现在我们来看看未来导向型的人。他们对未来充满期待,对新型工具和机遇非常感兴趣,而且总是第一个使用它们。即使必须花重金购买,他们也总是迫不及待地使用颠覆性新技术。如果他们不能借助我教过的预见力技巧来找到一起朝未来前进的同伴,那么他们就觉得被孤立了,甚至会另谋高就。

我在一家大型印刷公司就遇到过这种情况,这家公司的老板不愿使用数码印刷技术。由于那些着眼于未来的员工没有像我们讨论的那样理解老板,也未与之沟通、畅想未来,于是一切照旧。结果,公司里最具前瞻性的员工离开了,随后便创办了自己的数码印刷公司。由此可以预见,原先的那家公司的销售业绩会迅速下滑。

不可避免的挑战和机遇将决定每个人的思维导向和人与人之间的关系。例如,假设你的合作伙伴是过去导向型,而你是未来导向型,当你从未来的角度与他探讨某一问题时,你可以想到他的反应,他必定是双目无神,神情呆滞。他的想法显而易见:"这根本不现实。"另外，守旧思维使他很难想象并理解你的想法，因为这大大超出了他的三观。解决问题的关键在于，站在对方的立场与之沟通，然后共同迈向未来。

我们再探讨一下运用此法的其他事例。如果你属于过去导向型，你的合作伙伴属于现在导向型，你们之间严重脱节。虽然他可能不是最早接受新工具和新技术的人，但至少他能运用现有的条件与时俱进。而过去导向型的你则相信，"多一事不如少一事"，你会认为使用最新科技和新策略纯属浪费时间。这种心态只会让你在这个风云突变的世界停滞不前。所以，你要学会以开放的心态与他人沟通交流，并掌握书中的预测技能。只有这样，你才能充分挖掘出自己的潜力。

让我们再来看看另一个例子。假设你非常擅长销售，但与前面中介公司的例子不同，你属于过去导向型人群。这并不意味着你不会成功，但你的确很难将产品卖给那些未来导向型的人，并且你也很难接受能让你业绩显著提高的新兴技术——你可能一直使用旧销售方法和旧式工具，你可能从没注意到这些新兴技术——久而久之，无意间你通往成功的道路就会被阻碍。

正如我在本章开头所说，沟通与人际关系都非常重要。关键在于明确自己及他人对过去、现在和未来的看法。

现在，我们从另一个角度来探讨过去导向型的概念及其作用。我们假设与你合作的人属于过去导向型。为什么做这样的判断？

很简单,你可以听听他们对技术和其他过时问题的看法,留心观察他们使用的电子设备。说不定他们还在使用翻盖手机,看的电视也是四四方方的笨重台式机,而非现在流行的平板电视。种种迹象表明,他是过去导向型的人。

如果你更倾向于未来,你就可以得意地给他们讲讲智能手机有多么酷炫,能找到菜谱的亚马逊智能助手有多方便。不幸的是,这可能使他们更加沉浸于过去,或者至少忽视你讲的大部分内容,因为对此他们根本无法理解。你们的想法和价值观相距甚远。

与其让他们接受未来导向型思维,不如站在他们的观点上看问题。例如,假设你们正在讨论某个项目或提案,你最好使用纸质文件来详述细节。这就为彼此沟通营造了一个友好氛围。

这还不够。你也可以说:"尽管你们已经看过纸质材料,但我有一款新的平板电脑,它可以用 3D 动画生动地展示细节,效果真的非常棒。你想不想看我演示一下,还是只看纸质版的就行?"他们很可能会认同这个提议。这样你就成功地带他们进行了一次时空旅行,帮助他们走向未来。事先征求意见的做法使他们感到尊重,所以他们才能冲破桎梏,努力向前。

这个方法也适用于那些更专注当下的人。与过去导向型的人相比,他们可能更容易迈向未来。他们更容易接受同样平缓的转变方式,也更容易成功。

时空旅行法并非强迫他人接受未来，也不是完全忽视过去或现在的价值。在此过程中，你能帮助别人转变思维方式，使其更加均衡。这样一来他们就逐渐接受你所倡导的未来导向型思维。

时空旅行法体现了 AO 模式的核心优势：加速成功。通过帮助过去导向型或当前导向型的员工转变思维，就能提高企业整体的创新力，并加快实现目标。有了未来导向型思维，人们就会乐于接受先进的新技术，从而推动整个团队快速发展。

不仅如此，你还能通过这个方法加强员工间的信任。使用时空旅行法的你能设身处地为他人着想，还能让对方感受到你和整个企业对他们的尊重。这会让员工更加积极地使用新型的工具，为共创美好未来而奋斗。

让新老员工之间没有鸿沟

这一节的内容延续了前面关于时空旅行法的探讨，毕竟它是 AO 模式中的一个重要概念。

简单来说，我们常常认为年轻人更能理解未来，并掌握新工具，而中年人则更因循守旧，故步自封。但事实绝非如此。有些年轻人也常沉浸于过去，而有的中年人也非常关注未来。有些人年纪小但心态老，但有的人则正好相反。其实这与年龄无关——重要的是心态。

> "几代人间莫名的误解和不信任会对一个企业内员工的未来观产生实际的影响,这反过来又会影响他们目前的行为方式。"

但当讨论到信任和人际关系时,并不是说所有企业内的新老员工之间不能存在分歧。实际上分歧常常还不少,这有利也有弊。

一方面,年轻员工可能对老员工不屑一顾,认为老员工们已经落伍,跟不上时代的变化,根本不懂什么是新技术,也不知道如何运用新技术。另一方面,老员工可能会认为年轻员工目空一切,事实上年轻员工在许多关键的领域都缺乏经验,包括面对面的人际沟通技巧。

这种两代人之间不能言说的误解和怀疑不仅是立场不同的问题,它还会切实影响企业员工的未来观,并反过来影响他们当前的行为。例如,年轻员工可能担心老员工没能考虑到新人熟知新技术,而让自己困在公司里停滞不前。同时,老员工也可能对企业的未来失去信心——公司里有这些愚蠢的年轻人误事,谁知道未来会怎样呢?

这种情况是由于缺乏尊重和信任。员工间的猜疑不仅无用,还会让信任荡然无存。与那些有着强大共同愿景为联结的企业相反,这样的员工只会有分歧、消极的未来观。相信你能猜到这种企业的未来如何。

只需两步就能解决这个问题。首先，他们都要认识到对方的优缺点。这是双方合作的基础，也有利于增进互信。老员工虽然在多年的工作中积累了丰富的知识和经验，但缺乏创新性思维，也不了解新技术。相比之下，年轻员工虽然具备创新意识并熟悉新技术，但是缺乏经验。

第二步就是运用时空旅行法。例如，如果企业中新老员工之间分歧增大的一个原因是，他们对过去、现在和未来的看法各不相同，那么时空旅行法就能非常有效地减少隔阂，消除怀疑。每个人都要通力合作、取长补短。新员工的创新意识强，他们可以为企业提出独到的见解，注入新鲜活力。老员工则可以向他们分享经验、知识和智慧，而这是年轻员工在研讨会或大学里无法学到的。

要把这些策略落到实处。例如，如果企业将要召开一场重要的战略研讨会，而你要在会上宣布几项决议，那么你就要事先留意一下参会人员。他们是否都属于婴儿潮一代？想想看这会向你的新员工传达什么信息——在这家公司做出重大贡献的唯一方法就是一直干下去。

因此，你也要认真挑选一些年轻员工参会。他们既能提供与老员工观点不同的反馈和见解，还向整个企业传达了一个重要信息：你知道吗？这里有我们的未来。他们真的在乎我们的想法，我们在现在和未来都大有可为。

这同时也解决了如何吸引人才、留住人才的关键问题。如果员工觉得公司一直在退步，那么说服不同年龄段的优秀员工相信企业会有光明的未来则是个巨大的挑战。

这与公司的历史无关。我曾与一些超过百年历史的公司合作，它们仍然提倡面向未来的预见力思维和企业文化，并致力于推动企业转型，引领行业变革。这一切都取决于领导力和增进互信、共享未来的目标。

奖励决定行动

如果你身居要职，并打算实施会波及员工的变革措施，你就得尽可能多地奖励积极执行变革的员工，以保证计划的高效实行。

但令人费解的是，许多企业都没有抓住这种方法的核心要素：奖励决定行动。

我在第六章提到过这一点。你可以回想一下，一家大型园林设备制造商希望自己的经销商成为客户信赖的销售顾问，因此该公司鼓励经销商提供更为全面、更注重科学解决方案的咨询服务，而不仅是销售产品。但有一个问题：他们的薪资结构没有变动，仍是靠销售产品的业绩提成，而这正是公司领导层想改变的。因此，他们调整薪资结构，并奖励提供咨询服务的经销商。这样一来，经

135

销商就非常愿意给客户提供全方位的服务。

这个例子体现了奖励法的重要意义。但在一定程度上，这又回到了信任与价值观的问题。通过认可并奖励员工的积极行为，企业内部的信任度和对价值观的认同感得到了增强。此外，这也有利于进一步加快创新，并提高员工的创新意识。在上例中，这一方法不仅转变了员工的思维模式，还转变了他们的销售策略。

奖励也不一定都是物质上的。人们对出色工作的认可也是一种奖励。另外，如果无法给予物质奖励，那么就问问员工想要什么。他们可能希望有更多的自由时间来进行项目创新，或者一周一次在家远程办公。

另外，不要忽视创想家在奖励法中的作用。"创想家"这一术语是指最早提出构思的个人或团体——比如他人都很想接手的某款产品或服务的提出者。可问题是当创意经过开发、改进等其他环节后，最早提出设想的人往往会被遗忘。因此，我们必须确保这种情况不再发生。无论一个创意从无到有需要多长时间，必须强调其提出者的重要作用。此举可鼓励企业中的每个人都积极分享创意，以推动创新——而这本身又是一个值得奖励的行为！

所以你一定要花时间审视企业的激励机制，看它是否的确鼓励员工的积极行为。通过这种方式，你就能在企业中推广积极的行为。在这个策略、目标和思维模式快速变革的大环境下，奖励不仅是一种选择，更是战略需要。

沟通与协作

有种商界主流观念认为，近些年来我们一直处于信息时代。既然处于信息时代，那么我们就得努力发展成为善于沟通的企业。毕竟告知和沟通大不相同。

告知是单向、静态的，不会引发任何行动，但沟通是双向、动态的，并且会引发一系列行动。假如我告知你某件事，那么我只是向你传递信息而已，我不必知道你是否同意或者你的反应如何。实际上，告知会阻碍公司的发展。有时候尽管我们掌握大量信息，但它们不一定都有用。而如果我们相互沟通，那就是双向对话、相互交流，共同探讨解决问题之道。

其实，我做演讲时，经常问听众他们的企业是否擅长沟通。答案基本是：我们都是通知消息的高手，但沟通交流则是另一回事了。

下一个问题的答案也很有趣：你们需要加强沟通吗？当然需要！

所以问题的关键就是，我们不仅要善于传递信息，还要学会与人沟通。首先，沟通不仅能引发行动，还能解决普遍存在的重要问题。例如，我们刚刚讨论过的新老员工之间的分歧。如果一家企业相比于传递信息更善于沟通交流，不难想象，该公司旗下的所有员工一定能互相照应、高效沟通。

此外，除了智能手机和 Skype①、Face-Time② 这类通信软件外，我们还能使用大量沟通工具，如社交媒体。而它的重点就在社交。除推特（Twitter）之外，这类社交平台还有很多。比如，我曾与一家工程公司合作，该公司开发了公司内部的社交平台，3.1 万名工程师可通过该平台沟通交流。不仅如此，这种强大的全新沟通方式在全球范围内也都适用。

正如告知与沟通大不相同，合作与协作间也存在差异。许多人或企业常常误认为他们在与人协作，但实际上他们只不过是合作而已。

一方面，简单来说，合作往往是不得已而为之，它源于稀缺性。当我必须与人竞争时，我要怎么保护我的这块蛋糕，捍卫我的利益呢？所以合作具有抗衡性和排他性，这种和对手只有一胳膊长的

---

① 一款即时通信软件，具备视频聊天、多人语音会议、多人聊天、传送文件、文字聊天等功能。它可以清晰地与其他用户语音对话，也可以拨打国内国际电话，无论固定电话、手机均可直接拨打，并且可以实现呼叫转移、短信发送等功能。——译者注

② 一款苹果公司 iOS 和 MacOS 设备内置的视频通话软件，通过 Wi-Fi 或者蜂窝数据接入互联网，在两个装有 FaceTime 的设备之间实现视频通话。——译者注

交情同样也不利于企业的发展。

另一方面,协作则是企业的主动选择。它代表着丰饶——与其为护住一小块蛋糕明争暗斗,为什么不和竞争对手一起努力把蛋糕做大呢?所以协作具有包容性和广泛性。

一味与他人竞争非常危险,特别是在经济形势严峻时。比如说,我曾与几家大型汽车供应商共事,他们表示,自己与汽车制造商紧密协作。其实恰恰相反,他们只是合作罢了,还为日益萎缩的汽车市场争得不可开交。可当经济衰退时,他们中有许多家都倒闭了。可见这种合作关系根本不堪一击。

而协作不仅增进互信,还能极大地促进成功。例如,像苹果、微软和谷歌等科技公司的早期成功都可以归功于与竞争对手充分协作。同样,医药公司间的协作也越来越多。他们共享资源与信息,共同研发和分配救命药物。

其实,我最喜欢亚伯拉罕·林肯(Abraham Lincoln)的一句话:"打败敌人的最好方法就是和他变成朋友。"

到此就又回到了本章的核心。无论技术的迅猛发展多么激动人心,人际关系都是最重要的关键因素。未来也是如此。企业发展不仅要靠先进的科技,更要凝聚力量,把人力资源的作用最大化,以共塑美好未来。

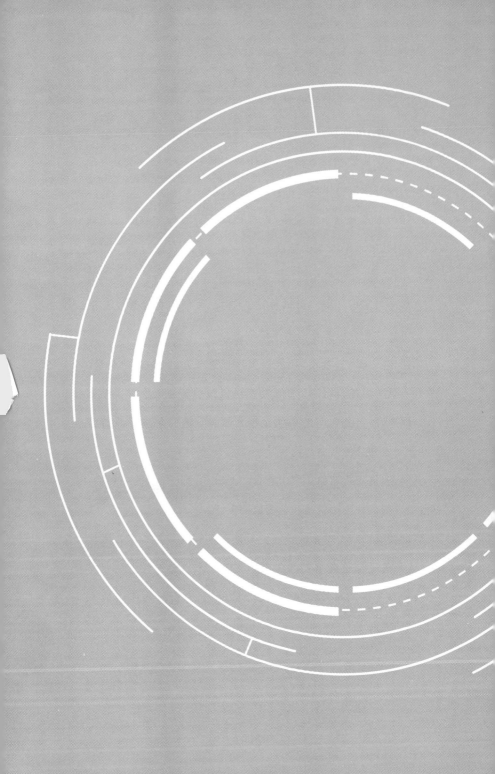

The Anticipatory Organization

Turn Disruption and Change

into Opportunity and Advantage

第四部分

塑造未来：做未来的主导者

第十章　完善规划，获得成功

　　每家企业都有战略规划。当然，有些企业的规划比其他企业的规划更详尽些。带着预见力思维做规划并非让你摒弃现有规划，而是根据塑造未来的硬趋势和指数级变化来制定规划。这就能让具备预见力思维的企业以超乎想象的速度大获成功，并及时发现它们可能错失的机会。

　　当为领导团队提供咨询服务时，我并没有为他们制定规划——因为不管企业大小，它们已有自己的规划。相反，我是帮助它们利用硬趋势和软趋势来发现先前没有觉察的机会，这样能使企业迅速发展并获得颠覆性的优势。我们的目标是提升现有规划，并使用指数工具来推动创新，从而产生变革性的结果，快速发现高价值、低风险的机会。

　　制定规划时，企业不仅要考虑它们已了解的或所看到的风险，而且还要考虑那些它们未发现的风险、巨变及颠覆性机遇，原因是这些因素常常阻碍企业的发展。

运用 AO 模式，可以给我们提供看待那些因素和问题的新视角，并由此提出了提升规划、加速实现规划的一系列方法。运用预见力思维，你就能以全新角度审视企业的现有策略。

更具体地讲，基于未来的发展方向来提升规划的益处不少。首先，正如我在第八章结尾所提到的，这是一种新型的风险管理方法。理解硬趋势和软趋势会让你更加重视规划中隐含的潜在论证和假设。例如，在审查当前规划时，哪些关键因素实际上是高风险的假设——基于软假设的软趋势。辨别它们并加以研究、检验潜在假设的有效性将有助于转变规划，从而进行更可靠的推测，在一定程度上规避风险。

再次强调，这不是让你抛弃现有规划后重新制定。相反，这是一种更加完整的分析和评估方式，它能在这些问题给整个规划带来破坏之前帮助你识别它们。

其次，利用 AO 模式提升规划也有助于发现以前可能被忽视或忽略的重要机会。同样，识别和理解软、硬趋势能让你把注意力放在那些表面上易被错过的重要机会。例如，运用 3D 打印技术蓬勃发展这条硬趋势后，一些欧洲医院已引进了能打印出人体器官复制品的医疗设备。更具体地说，扫描患者的膝盖后，能按其实际情况打印出个性化的人造膝盖。这样一来，替换膝盖肯定是一个完美的选择。

再次，应用 AO 模式的另一好处是可以加速达成目标——这不仅指快速制定整体规划，还指更快实现主要目标。在我们已经讨论的策略中，包括略过法则、对立法则以及快速走出失败的法则，都可以让我们优于那些不懂得运用 AO 模式的企业，从而更加快速成功地完成规划，并实现长短期目标。例如，一家中型会计师事务所利用硬趋势，预言网络安全将日益威胁中小企业的发展，所以它收购了一家小型网络安全公司，并以此作为新业务推荐给客户。结果在不到一年的时间里，这成了它营业额增速最快的业务。在此过程中，它使用 AO 模式改进规划，赚得盆满钵满。

在制定规划时，用更包容的心态看待规划也很重要。通常，大多数人可能会把规划视为一个自上而下的过程——领导制定规划，然后其他人执行。

我没有把这本书命名为"预见力个人"的原因就在于，预见力思维是一种普遍思维，贯穿于整个企业的思维模式。在一个有预见力的企业里，每个人都应知道如何区分硬、软趋势及 AO 模式里的其他要素。人们每天都用预见力思维交流探讨，因为它就是企业文化的一部分。简而言之，每个人都要以完备规划、加快创新和实现变革为己任。

下列问题有助于完备规划：

• 审视一下你目前的规划，看有没有错失任何硬趋势或软趋势？

• 你是否将企业规划与可塑造行业、产品及服务的硬趋势相结合？

• 你是否主动掌控软趋势以增强竞争优势？

• 你的规划是否建立在基于软假设的软趋势上？是否极不稳定？

• 哪些新型工具可让你获取竞争优势或更快地实现目标？

• 如果整体市场不佳，别的企业都在苦苦挣扎时，你能利用哪些软趋势来提升销量？在市场繁荣的情况下如何超越他人？

高效的变革型规划

大多数规划从根本上讲都是渐进式（增量式）的。这就意味着，在制定规划时应深思熟虑，实现可控性增长——未来 5 年内增长 5％，幸运的话，再增长 10％或 15％。不出意外，增量式规划会带来数量（产量、销售额等）渐增的结果。

渐进型规划是不错，你应该坚持这么做，但变革式规划是其强有力的补充。渐进式规划很可能与当今风云突变、纷繁复杂的时代格格不入。回想一下，带宽、计算能力和数据存储这三大数码加速器均可推动世界呈指数级发展，并催生新型优势。既然如此，为什么不在制定规划时运用它们呢？基于三大数码加速器、硬趋势、软趋势及其他要素，AO 模式带来的变革型规划有助于完备规划，进而加速革新的演进。

变革型规划侧重于利用那些非凡的驱动力和力量——例如区别软、硬趋势而产生的确定性和信心——来制定规划，这种规划既对肯定会发生的事情产生影响，也对那些通过施加影响才会发生的事情产生影响。这一过程可以让你的规划超越以往传统的增量模式，并冒更低的风险向前快速发展，从而使企业成为引领巨变的颠覆者。

我们拿美国帆船配件厂商哈肯来举例。哈肯是一家能为各种大小的帆船提供索具和配件的制造商，在全球领先。它并没有像大多数企业那样进行常规的增量规划和创新，而是使用 AO 模式进行转型规划，并研究如何将自己的专业知识应用于其他领域。他们认识到，他们可以利用与他们最先进的客户（如美洲杯赛帆船队）相同的技术专长，制造一条全新的产品线，这条生产线可以用于改造救援、消防和安全等设备。此外，研究表明，建筑业里桥式起重机的钢索过于笨重。于是这家公司就使用其他公司生产的线缆，并结合他们的相关专业知识，生产出更结实、更轻便的高架起重机。这一新型起重机一经问世，就淘汰了其他世界各地的同类产品。这家公司的规划不是渐进式的，是可以产生颠覆性结果的变革型规划。

> "技术本身不是一种手段,而是改变所有过程以及创造新的产品和服务的途径。它造成的结果将是真正的转变。"

正如前文所说,贯穿整个企业的预见力思维对提升规划起着重要作用。其实企业高层对引入变革型规划、培养创新能力起着关键作用,毕竟这一过程要从高管层开始。

但现实情况是,他们不得不处理眼前的问题,这些问题使他们深陷其中,而对未来考虑较少。正如前文所说,灵活应变只是应对变故时的快速反应,它只能帮助企业更快做出反应,却并不能激发指数级创新。

同时,首席信息官和首席技术官往往忙于找寻能使企业向前发展并塑造未来的指数级科技,如先进的云技术和虚拟化技术。然而技术本身并不是手段,而是变革生产流程、创新产品和服务的途径,而这些将带来真正的巨变。

鉴于此,企业高层领导最好能具备发现革命性变革的预见力思维,必须以塑造未来的硬趋势重新审视工作职能的描述和职位名称。例如,首席信息官必须承担首席创新官的职责,尽管正式头衔仍然是首席信息官。同时,当今首席技术官的地位难保,取而代之的将是一个更重要的新兴职业——首席转型官。他将负责监督每条业务流程所经历的转变。再次强调，各个职位的原有名称可以不变，但其工作职能必须与时俱进。

在有预见力的领导的指挥下，变革型规划的目标就是企业全体人员为提升规划坚持不懈——不仅要降低风险以加速成功，还要做出颠覆性的改变。此外，传统的规划与创新工作由不同团队分工负责。但预见力思维及与之相关的企业文化却彻底打破了不同工种间的屏障，以结合二者的方式加速成功。

"AO 模式和预期思维以及由此产生的文化打破了障碍，以提升和加速结果的方式将规划和创新结合起来。"

预先剖析

一般的企业和机构对事后剖析都不陌生。尽管剖析的形式各不相同，但都是对过去某一时间段内不论成功与否的产品、服务、项目和广告宣传等其他活动的反思。这样做的目的很简单：找出功过是非、总结经验教训、提出问题的解决方案，然后阔步前进。

事后剖析非常重要，它能提供宝贵的经验教训。想要成功，就得认真思考我们遇到的每个问题，这也是一种有效的教育方式——正如前文所言，如果你没有从失败中学到任何东西，失败仍旧是失败罢了。事后剖析是加速成长的重要途径。

我们在第五章了解了对立法则的重要性，那现在为什么不运用它呢？接下来我们来看看事前剖析。

事前剖析与事后剖析非常相似，因为它们都强调细致入微的分析。但正如它们的名字一样，事后剖析不像事前剖析，前者是在事情发生后反思，而后者则是在新产品、服务或改变发生前识别可能阻碍成功的问题和障碍，然后提前将其解决。事前剖析能奇迹般地加快实现目标，并最终取得成功。

简单来讲，事前剖析涉及几个非常基本的问题。例如，在一项新产品、服务、战略或指令发出前，先想想我们在实施过程中可能会遇到哪些问题和阻碍。这样一来，我们就能在这些问题真正发生之前进行处理。同样，如果能预测出项目或产品中的哪一步将大获成功，那么我们能采取哪些措施确保它必然发生，然后进一步取得成功呢？

再看一个具体例子。我们开发打造预见力企业模型学习体系时，对许多首席执行官或企业领导进行了测试。在产品发布前，我们也特意征求了他们的反馈意见。他们把在这套体系运用到自家企业前可能遇见的问题告诉了我们，包括他们的喜好、不满、困惑和其他有价值的信息。然后，我们解决了这些问题，并在这款产品发布前对我们的方案进行了及时调整。

换句话说,事前剖析是无价的,因为我们能在问题突然出现之前和实际上愈发严重之前解决它们。这是一个与事后剖析相反的策略。我们不需要构建事后分析问题的理论体系,只需要提前解决它们。

预见力企业学习系统就像有魔力一般,超出了我们和试用者的预期。不仅如此,它还被评为年度最佳产品,那些领导者和其他合作伙伴都成了该系统的倡导者——他们不仅肯定了预见力思维的重要性,而且还对我们在发布这款产品前征求反馈、采纳意见的做法加以褒奖。

这并不是说事后剖析已经过时,其实它一点儿也不过时。在某款产品或服务发布后进行评估也很有必要——事实上,这是提升规划的另一种方式,因为只有研究事物的实际情况后,你才能对规划做出必要的调整,以使其更加完善。

事前剖析也是如此,只不过更强调主动性。为了进一步提升你的规划,请在发布产品、服务或项目前花时间预测可能存在的问题、缺陷和其他不足之处。这是一种提升规划的方式,它体现了预见力思维的一大好处——在问题发生前就把它们解决掉。

过于专注执行的危害

事前剖析法则改变了许多企业和个人坚持的传统观点。

正如我们前文提到的那样，优秀的执行力常被认为是最重要的能力。在许多企业看来，一旦有了一个规划后，你要做的只是很好地去执行。执行力的确很重要，但在这个快速发展、呈指数级变化的世界里，它会让你目光短浅，妨碍你发现颠覆行业的巨变和问题。而正是这些巨变或问题会让你的规划在完全执行前变得无足轻重，甚至完全过时。

黑莓的执行力非凡，惠普、索尼、戴尔等其他公司也是如此。尽管它们很好地执行了规划，但当它们执行完规划后却发现早已时过境迁。这就是数字化颠覆的威力——它能改变未来。科技确实可以改变现实，于是问题就变为："你是调整你的规划以适应'崭新'的未来，还是继续执行旧的规划，最后陷入没有客户的境地？"

这似乎是一个相当明了的问题，但制定规划的目的并不在规划本身，而是以持续、动态的方式不断改进规划，以提升企业。这能使你在这个日新月异世界获取竞争优势。总之，它有助于你的成功。

奇怪的是，我们在执行计划的过程中总会迷失方向。人们往往认为：只要埋头苦干，假以时日，定能完成计划。如果这需要数年时间，那就坚持到底。沿着这样的思路，许多企业和机构都在制订年度计划——顾名思义，年度计划就是需要几年甚至更长时间才能完成的计划。但是，正如我在本书中强调的那样，我们正处在一个快速变革的时期，现在我们所做的事情在两年前看来是根本不可能的。同样,这也意味着未来两年我们将能够做今天看似不可能的事情。

因此,目前可行的规划在未来一两年内可能会变得不那么重要,甚至完全过时。我们要使用 AO 模式来重新定义我们如何执行规划,而非仅仅强调执行计划的重要性。我们需要时刻运用预见力思维,保持敏锐性,寻找机会和潜在的变革。我们不仅要根据目前可能发生的事情制定规划,更要考虑到硬趋势所揭示的未来变化。

如果我们都埋头苦干,只专注于执行当前的规划,那就很难培养预见力思维。这并不是说专注于执行不重要——它是重要,但是根据新兴的颠覆性事物提升规划同样重要。本章就会教你如何提升规划,以保证它们永不过时,同时还教你怎样做才能降低风险,加速成功。

为什么出租车司机没有想到优步的创意?为什么万豪、喜来登(Sheraton)没有推出爱彼迎呢?这是因为它们都忙于执行现有规划。所以,关键就在于我们埋头苦干时,不能对变化视而不见,这样才不会再发生类似的失误。

利用硬趋势推销创意

对提升规划和加速结果的讨论使人们认识到了预见力思维的

必要性和重要性。这就自然地引出了"推销"创意的话题。

每个人都以各种各样的方式推销东西。也许你在努力劝说客户购买某款产品或服务；也许你正在试图向公司的同事推荐某个项目，以获取资金。

不幸的是，在不断努力的推销过程中，我们经常用自己的想法和有争议的言论来说服他人。尽管我们没有意识到这一点，但其他人只会认为这是一种观点罢了。他们会说："好吧，这只是丹（Dan）的想法。我知道他认为这是个好主意，但这只是他的意见。肯定还有其他观点。"而这种反应可能会导致他人的排斥、拒绝，甚至怀疑。

与其让客户认为我们所提供的解决方案只是一种观点，还不如用基于未来的趋势推销创意。当你听到一个未来的事实时，你自然就明白了。例如，当你指出婴儿潮一代正逐渐老去的事实，这就绝不是一种观点或个人意见，这是一个无可争辩的事实——换句话说，这是一个即将发生的现实，它能让你和你的客户立即和平地达成共识。

我在数千场演讲及咨询服务的活动中都用过这种方法，而且效果显著。例如，我可能会问听众："未来政府将会出台更多关于网络安全的法律法规。如果有人不同意，请举手。"即使观众席有不少外国人，也没有一个人举手。这是因为，他们认识到这种事情一定会发生，这不是丹尼尔·伯勒斯随意抛出的个人观点。

你要采纳这种方法,并把它运用到任何推销东西的情境中去。在接待客户前,想想哪些硬趋势——未来的事实——会影响他们。问问自己:"我提出什么观点会减少甚至消除他们正在经历的痛苦或麻烦?"这样一来,你们的对话将基于未来的定数,而非观点、假设或推测。

所以基于你们对未来达成的共识,你就能用你的观点和建议来面对这些未来定数。或许随着优秀员工逐渐退休,销售团队的老龄化就是其中之一。鉴于这种情况一定会发生,你能提出好的应对方法吗?正如我们在第六章提到的一种解决问题的新方案,即创建一个涵盖销售、互联网和客户服务等领域的内部在线服务平台,目的是通过搭建这样一个知识和智慧的平台,使新老员工都能根据自身需要获取知识或智慧,以培训发展他们的技能。也许通过一对一或一对多的指导,颇有经验的销售人员就可以把他们的实践经验直接传授给年轻的员工。

这种利用硬趋势的理论不仅为推销创意的你树立了范例,还发出了一个严重警告:对硬趋势的代价说"不"。诚然,可能你目前的资金和预算都很紧张,但考虑到数字化颠覆和巨变的确定性以及未来几年必然会发生的定数,拒绝相信硬趋势会不会让你雪上加霜?忽视这些定数的你将失去哪些订单、客户及其他业务?忽视硬趋势会导致什么后果?

换句话说,根据硬趋势的确定性来推销创意会让你主动采取措施,而不是无所作为。因为它们是一定会发生的未来定数,是你的终极武器。

要想加速,先得减速

在本章开始时,我们讨论了一个常见的问题。人们往往过分关注执行而无暇顾及可能影响规划的潜在问题和新兴巨变。这个问题普遍存在,那么我们应该如何更快、更高效地完成任务呢?这个问题的答案颇具讽刺意味,也很有趣。因为它不仅超越了过度关注执行的局限性,还强调了从整体上接受预见力思维的重要性。

为了快速成功,你愿意放慢脚步,花费时间思考和总结吗?有句谚语说得好:不仅要埋头拉车,还要抬头看路。

为了加速先减速,这听起来好像是无稽之谈。贯穿本书的一个主题正是革新的爆炸式加速发展。这是真的,缓慢变化的时代一去不返,我们正处于不折不扣的巨变核心,变革层出不穷。对许多人来说,应对这一问题最显而易见的策略是不断提高速度以加速完成任务。对此我想说:如果你朝着错误的方向加速前进,那么你只会以同样的速度陷入麻烦。当你朝着"旧"的未来进发时,未来真的会一成不变吗?

放慢速度的意义在于你要定期花时间反思,并重新评估规划,以确保你的规划和想法与任何可影响未来的软、硬趋势步调一致。

实际上,放慢速度是为了提升规划、高效执行,最终加速成功。

这里有一个例子可以说明放慢速度、仔细思考和提升规划是如何加速成功的。多年来,人们一直认为云技术不太可靠。也有许多人认为它太过虚拟,甚至触不可及。所以人们更愿意保持现状。结果,企业和机构都对基于云技术的策略避之不及。

再次强调,未来是不断变化的。因为科技正以指数级速度发展,这使得我们今天所做的决定可能在一两年内就会过时。云技术有隐患的观点可能在以前看来非常合理,但坚持这个论断只会使人们忽视云技术正越来越安全可靠的现实。于是在这个例子中,企业对云技术进一步了解后仍觉得它不安全,并坚持认为使用现有的技术系统会更加保险。

反之,具备预见力思维的领导做决定时,就不仅仅局限于当下,而是会运用硬趋势的确定性和软趋势的可塑性放眼未来,用三大数码加速器和指数级变化的可预测性看待未来。实际上,由于未来变化莫测,许多当下制定的决策一定会失效,甚至过时。

我对企业高层始终坚持旧决定,乃至最终造成不利影响的事件有过亲身经历。几家大型国防承包商——世界上最重视安全的一类人——不止一次地认为云技术不安全。这是因为他们得出这样的结论,仅仅是根据某一特定时点的分析结果,而非未来的定数、硬趋势、巨变力或其他因素。可想而知,近年来他们已转变态度。现在他们会直截了当地说:"我们需要云端技术,这是目前世界上唯一安全的地方。"

　　超越当前局限看问题，重新审视基于科技的决策，并不断检查其有效性，这些是 AO 模式的基本要素。为了更好地利用预见力思维，提升规划，并加速完成，我们有必要时不时地刹车、减速。这可能看起来很矛盾，但有时放慢速度能让你朝着新的未来不断前进，那里才是你的客源所在。换句话说，它能让你更快地朝正确方向前进。

第十一章　不被颠覆，做颠覆者

　　商界的"颠覆"一词，指的是改良或彻底变革以往的产品、服务、生产方式及商业模式。这个定义相当精确，以至于让很多企业焦虑不安。由定义可知，颠覆是中断事物发展的正常进程，改变现有条件。这对许多企业来说并不是什么好事。

　　尽管如此，历史上的颠覆仍旧以各种方式反复发生。比如轧花机的出现终结了几个世纪以来人工从子棉中分离皮棉的历史。汽车彻底改变了由马或其他牲畜驱动的交通运输方式。显而易见，铁路就是一个明显的颠覆者。州际高速公路也同样影响了许多行业和区域——如果你所在的小城市不靠州际高速公路，交通也不便利，那就会失去随之而来的大量商机。

　　换句话说，颠覆不足为奇。但鉴于科技的迅猛发展和颠覆的疾速演进，颠覆发生的频率、速度和影响范围前所未有。例如，当轧花机刚被发明出来时，它的影响并非立竿见影。它还必须经过制造和相当缓慢的运输才能面世，当然人们也得能买得起。前面提到的其他颠覆性事例也是如此。铁路和公路不仅建设周期长，投资和维护费用也非常昂贵。

相比之下，想想当前不断发生的数字化剧变。一种变革式的新产品一经问世，数以万计的消费者在几个小时内就能将其抢购一空，并立马使用。尽管一段时间以来，社交媒体一直在热火朝天地谈论着新鲜事，但其实只要新产品一出现，媒体上谈论的所有产品或技术就马上被认为过时了——在许多情况下，甚至已完全过时了。

此外，正如前文所提到的，现在的颠覆已不需要像当初发展铁路和州际公路那样大量的基础设施和资金支持。大学生在宿舍里设计出来的应用软件一点也不逊色于大公司研发的产品，其经费可经众筹网站资助而来。也就是说，颠覆不再需要大量资源。换句话说，在特定的时间内，成为颠覆者比以往任何时候更容易。

我们为何会惧怕颠覆？

鉴于颠覆背后巨大的变革力和广泛的影响力，企业组织为什么不主动追求颠覆，而是对它心怀恐惧呢？

许多企业从来不想在自己的领域成为颠覆者的一个原因就是，它们一直把精力放在其他事情上。在发展成熟的行业里，企业往往都在忙于处理眼前的事情，无暇顾及今后的发展。我们在前一章讨论过这个问题，现在我们不妨再回顾一下。阻碍创新、阻碍企业变成颠覆者的一个最主要因素就是：手忙脚乱、碌碌无为、按部就班、循规蹈矩。可不幸的是，这种无意义的忙碌只会让你一次又一次地被颠覆——当然，前提是你得能挺过第一次！

企业不想在自己的领域成为颠覆者的另一个原因是，颠覆意味着风险——由于风险往往太大，常令高层管理者难以承受。相比而言，人们总是觉得，只有初出茅庐的新兴企业才能成为彻底改变行业现状的颠覆者。主流观点普遍认为，小微企业船小好调头——这个观点就像目前过于忙碌的问题一样，又是另一个潜在的陷阱。

许多企业一直对颠覆的作用和过程有误解，认为颠覆只是昙花一现。当某家企业或整个行业被颠覆时，人们通常会说："事已至此，我们必须赶紧想办法来应对这个问题。虽然我们损失不少，但我们会挺过来的。"因此，许多企业的第一反应是迅速采取行动，努力维持现状，投入超额资金，拼命想让客户相信他们的产品和服务仍不过时。

数字化颠覆绝不是仅此一次的事情，相反，它会以波浪式的形式多次发生。为了说明这一点，我们来探讨一下引发创新的一个途径：虚拟化及其引发的颠覆性的结果。就在不久前，如果一家企业需要几十台服务器，那就必须先买下它们，然后还需要安装维护设备。但是现在，同一家企业可以用更少的时间做到此事，甚至比你阅读本章的速度还快。正如你所见,同类颠覆正以波浪式演进,这不仅加快了速度,还不断缩小着两次颠覆间的时间间隔。同时,鉴于我们对三大数码加速器的认识,不难想象,颠覆发生的速度和频率也会不断增加。

这就不难理解为什么众多企业对颠覆感到焦躁不安。一方面,他们的思维过于局限于日常执行上,从来不会战略性地主动预测未来。此外,他们经常视颠覆为一次性事件,没有意识到颠覆实则呈波浪形式反复出现,而正是这种观念使他们更加坚定地维持现状。

我们以摄影行业为例。当数码摄影技术首次问世时,柯达和其他相机制造商都把它视为稍纵即逝的新鲜玩意儿。柯达想当然地认为这种技术毫无用处,便不再理会。其实,当时的数码摄影技术的确存在局限性,比如像素较低、容量有限、人们很难分享照片,而这种局限性使柯达进一步认为自己的观点正确,即数码摄影技术只是一种软趋势,它很快就会过时。其实,数码摄影技术代表了一种硬趋势,一旦三大数码加速器以指数级的速度改进和普及,它就能突破其局限性。作为回应,相机制造商争先恐后地推出了具有数字功能的相机。但这也只是暂时缓解了危机,因为去物质化、聚合性和三大数码加速器使智能手机也能够拍摄数码相片——这又是一次颠覆。

具备预见力思维的企业不会把颠覆视为麻烦,然后对它敬而远之;相反,它们会从中看到成为颠覆者的机会。

颠覆与否,由自己做主

本节标题提出了一个明确的选择:你可以是颠覆者,抑或是被颠覆者。在我看来,答案非常简单——成为颠覆者永远是最佳选择,这样你就能把颠覆化为优势。

这有令人信服的原因。

首先,被动应对外界的变化远不如主动进行内部的变革有利。这也是培养预见力思维的众多好处之一。

"这又回到了我一直传授的一个基本道理——如果能做到,就会有人做到;如果你不去做,别人就会做到。"

其次,无论我们愿意与否,颠覆都会发生。柯达是否希望数码摄影技术迅速发展并迅速普及,这并不重要。现实是,他们没有把数码摄影看作一种硬趋势,而是苦苦挣扎——想要努力维持传统摄影技术的主导地位——但最终以失败而告终。这说明,否认颠覆的存在是不明智的。这就回到了我一直阐明的事实:凡是能做

到的事，就会有人做到；如果你做不到，别人会做到，而那个人最好是你。

"为维持现状而挣扎，而非主动辨别剧变、寻求剧变，会让你越来越深地陷入徒劳无功和令人沮丧的漩涡中。当你试图努力维持现状时，你只会进一步固化原有的商业模式和思维方式，而这样做只会带来灾难。"

你选择做一名颠覆者，就需要回到 AO 模式的基本原理：应该不断密切关注硬趋势的确定性和软趋势的可塑性。一家有预见力的企业总是在寻找那些既会颠覆自身又能颠覆整个行业的趋势。在许多情况下，这不仅能帮助他们主动成为颠覆者，而且还能使他们在颠覆发生前预先做好积极准备。

利用硬趋势和软趋势为你带来的优势可以降低企业在创新时面临的致命危险。正如我们已经阐明的那样，利用硬趋势可以降低企业的风险——或者至少使风险低得多——并发现加速企业成长、成功的机会。

当你留意能真正改变游戏规则的硬趋势时，你会发现颠覆威力无穷。我们以 3D 打印技术这一确凿无疑的硬趋势为例。将它与前文提到的可引发创新的 8 条途径之一——非物质化（即缩小事物体积）相结合，便有了比苍蝇的眼睛还小的 3D 打印相机。读到这里你可能会自言自语地说："这么小的相机有什么用?"下面是几个可能的备选答案:为了安全起见,执法人员可以把它缝在衣服上或嵌到徽章里,这就比笨重的普通相机更为隐蔽;或者还可以把它装在汽车后视镜外,以全程记录驾驶情况——这可是个全新功能! 换句话说,看到行业颠覆的你就看到了巨变。

　　还有几个关于颠覆的问题值得我们重视。首先,正如我在本章前面讨论过的波浪式巨变所暗示的那样,如果你能避免犯其他企业的错误,即把它看作一次性事件,那么你就能发现巨变的惊人影响。相反,用更宽广的视角来看,假设你已经研发出了颠覆性的产品或服务,那么你怎样能进一步提升它们? 如何才能引领下一场能改变游戏规则的巨变? 例如,谷歌就做到了这一点。它将微型相机嵌到眼镜里,使佩戴者眨眨眼就能拍照。下一次更新换代会使看起来有点乏味的谷歌眼镜的外观看起来更像普通眼镜。

　　我们不仅要把巨变视作机遇而非一般的问题,也不能忽视由他人引发巨变的可能性。问问你自己:"呃,这是目前我们业内的新产品或新服务,我们如何利用自己的优势将其升华到类似于我们可能达到的具有颠覆性的新水平? 如果我们不把它看作令人夜不能寐的麻烦,而是把它当作成为颠覆者的机会,那结果又会怎样?"

记住,选择权永远在你的手中。你可以选择像大多数企业那样试图保持或捍卫现状——尽管这只会让它们走向灭亡——你也可以主动掌控并扩展改变游戏规则的硬趋势,以推动快速创新,获得重大成功。

巨变的必要性

很多企业经常因为持有对巨变的刻板印象而拒绝追求创新。颠覆者总会让人想起科学实验里的画面:在昏暗的实验室或车库深处,一群拿着固定工资、没有特定目标、但有追求的人正在埋头苦干。

其实事实绝非如此,当然,没有任何目标的埋头苦干也不是取得成功的先决条件。显然,巨变是一种选择。每个具备预见力思维,并意识到软、硬趋势的影响及 AO 模式中其他法则之作用的人,都可以辨别引发巨变的潜在方式。此外,在预见力成为其文化的一部分的企业里,每个人都可能引发产品、服务、生产方式甚至整个行业的巨变。

但是,巨变并不只是纸上谈兵。其实,许多行业、产品、服务和其他领域都亟须巨变。

识别这些巨变并不难。通常,许多企业都存在着明显的缺陷。如销售过期的劣质产品、提供糟糕的客户服务、消费体验无个性化或缺少其他服务。例如，你们当地医院的食物、服务和个性化护理怎么样？附近快餐店的上菜速度是不是越来越慢，顾客越来越少？你的财务能否根据计划和税收监管政策变化的潜在影响来帮助你做决定？你的会计师是否通过查看你的计划以及税收和监管变化的可预测影响来帮助你做出决策？

这样的例子还有许多。教育行业如何？它也有产生巨变的可能性。购物方式呢？在实体店消费的购物体验将会发生新的巨变，就像几年前苹果公司对实体零售店的做法那样，它基本上重新定义了客户的购物体验。在此之前，电脑店或大多数零售店的销售人员对其销售的商品既没有特别的了解，也毫无热情可言。除此之外，每家店面看起来都一模一样。苹果公司改变了这一切。首先，它使销售人员变成了对商品了如指掌的购物顾问，能为客户提供咨询服务，而非仅仅销售产品。另外，你还能用具备扫码功能的苹果手机结账，这就有效地减少了结账时的排队时间。由于新兴的颠覆性工具和人们对现有巨变的关注，消费者的购物体验和零售商的销售方法才会被重新定义。卫生保健业又会如何？不管你是想找当地的家庭医生看病，还是愿意去急诊室，医药保健业都是另一个随时会被大规模颠覆的行业。同样，保险业、运输业、制造业、建筑业等其他行业，也都在大声呼吁巨变。

> "通过重新考虑你的商业模式,关注潜在的剧变,你就可以充满自信和确定性地处于硬趋势带给你的领先地位。"

这串亟须巨变的行业名单与一个你已熟知的预测技巧有关,即如果你不主动引领巨变,别人就会这样做。而且自欺欺人地认为它不存在或叫嚣"我绝不为它做出改变",都不会使这种客观需要消失。

另外,通过重新思考企业的商业模式并关注其潜在的巨变,你就能依靠硬趋势的确定性自信地引领潮流。

第十二章　主导未来，或被主导

最后一章的标题可能暗示了一种主动掌控未来的方法。其实，当谈到未来时，你最好是能发号施令的人，否则，你就会被别人左右。

但这并不是我要说的。我们在前文讨论过打造预见力企业模型，内容包括硬趋势、软趋势和其他能让你自信地预测未来的规则。毫无疑问，这些规则需要自我解读和运用。预测未来赋予我们每个人权利。通过运用这个模式中的策略（并通过练习使用 AO 学习系统以提升技能），你就能获得知识和洞察力，从而勇往直前，自信抉择，主动地掌控未来。

这绝不是一个孤立的过程。正如我在上一章前文所说，未来离不开人际关系，这在 AO 模式中尤为适用。当你培养出自己的未来观后，一定要与他人分享，并和身边的人结为同盟。毕竟，本书被称为"塑造未来"是有原因的。在此，我们就先从开拓你对企业构成的认知开始。

通过分享指引未来

正如我在书中多次提到的，大多数企业都有其战略计划。其实大可不必把所有战略计划都保密得严丝合缝。虽然这听起来十分违背常识，但却可以让你以满满的信心和十足的把握引导你和公司的未来。

这可能与你的经历背道而驰了，更别说让你接受了。诚然，每家企业制订或实行战略计划时都不会向他人透露，更不会跟战略合作伙伴或供应商分享它，也不会跟客户提及。传统观念认为，你的工作就是要确保当下客户去购买你的产品或服务，而非跟他们介绍值得等待并令人激动的未来。

我当然可以理解这种做法，特别是对某些行业来说。当下不鼓励客户购买产品而是让他们期待未来更好的服务，这听起来毫无战略意义和经济意义可言。但是对其他人——供应商、经销商、批发商和其他公司——来说，隐瞒你的计划又完全是另一码事，对你的客户来说也同样如此。

这又回到了协作的基本价值，以及如何将协作应用于共同创造未来上。当你和他人密切协作时，你最不想看到的事情就是你们对未来的观点不一致。换个角度来看，如果你更看重未来，而你的批发商不知为何更偏向过去，那么，不管你制订了什么样的战略计划，最终你们都会因意见不合而以失败告终。

"共享知识而不是囤积知识时,知识就会增值。在分享和共创中有了力量,就产生了信任。"

相反,与你的组织所信赖的企业(无论是供应商、经销商甚至是客户)协作共创未来,将会更有成效,也更容易成功。为了共创未来,你要利用历时性思维。不仅要让合作伙伴了解你的未来观,还要看到他们的未来规划,并判断双方在哪些方面可以协作,以加速实现你们的目标。这样一来,就能确保双方都朝着同一个方向迈进,都运用强大的新型工具,包括最新的增强现实技术、虚拟化技术、云端服务和人工智能技术等。

这也是将你的未来观扩展到你周围的人的一种方式。你要通过基于可塑造未来的硬趋势逐渐发展和完备自己的未来观,然后分享给他人。这样做不仅能让你在快速成功的路上更有把握,还能让你与他人协作,并将你们的产品和服务与能影响所有人的硬趋势联系起来。

这并不意味着让你分享一切,而是说不要把光明的道路和美好的愿景据为己有。另外,我们在前面的章节也提到了"丰饶因素",即只有传播才会使知识更有价值,而封闭则做不到。分享与合作中蕴含着能产生信任的巨大能量。

举个例子。我曾为一家大型电器制造商做过咨询工作。碰巧的是,我也与这家公司的几家子公司合作过——暂且叫它们下属机构吧。然后,我立即意识到这家大企业与底下小公司的员工有诸多不和。于是,我的一个工作重心就是把大企业的未来观传递给那些下属机构。如果我没有做这项工作,未来企业和员工间的分歧将会越来越大,甚至爆发冲突。

同样的道理也适用于你的客户。客户能看到的是你现在或过去的心态,而看不到你有没有预见力。这没什么大惊小怪的,他们只是熟知自己一直使用的产品。因此,当一家初创企业进入此领域并选择客户时,他们就会纷纷购买这家企业的产品,因为他们认为你已经过时,年轻有活力的新兴企业才代表未来。

从这个角度上来说,要想跟客户分享未来观,你就得具备预见力——因为未来不可避免地会有对手跟你争夺客源,所以你必须和客户分享你的未来观,这样他们才能更有把握,才能看到美好未来。这都基于一个只要他们听到就会立即认出并张开怀抱的方向。

我经历过这样一件事。当我想买一辆新 SUV 时,我试驾了宝马(BMW)、雷克萨斯(Lexus)、奔驰(Mercedes)等品牌的新款车型。但当我试驾过特斯拉 Model X 后,其他所有车型顿时黯然失色,这款车代表着未来。

并不是只有我这么想。2016 年,当特斯拉开始接受入门级Model 3 的提前预订,很快就有超过 50 万辆的订单纷至沓来。为什么会这样？因为人们都想买"未来"，而非"过去"。

道理很简单。你要分享关于产品和服务的未来观：这就是我们的方向，这就是我们对未来的看法。如果你我不谋而合，那我们可以共同发展。

改变只会越来越快

尽管预测性组织模式的工具和策略旨在赋予你预测性思维，并使你获得竞争优势，但仍然有很多未知的现实无法回避。例如，我不知道下一次重大的网络攻击何时会发生，也不一定能预测出世界股票市场在某一天的行情如何。当然，随着科技整体水平的持续提高，未来我们预测这类事件的能力也会相应提升。然而，世界上永远会存在大量的未知数和不确定性。未知和不确定性并不能赋予你我力量，它只会让我们蓄势待发、埋头苦干，竭力维持现状。

另一方面，AO模式中的方法论则可让我们愈发强大。我们可以用已知的事实——而非未知的——未来的事实来积极塑造未来。

未来还会有更多巨变发生吗？当然，它们会以更快的速度和更广的范围出现。别忘了还有三个数码加速器！那么我们的目标是什么？那就是通过精准地预测未来占得先机，化巨变为最大优势。而这个过程得益于我们之前列举的方法。基于你确信会发生的趋势，它将使你信心十足地大胆阔步向前。

就我个人而言，积极主导未来、辨别必然趋势，并把它变为优势一直令我激动不已。这就是为什么本章标题跟塑造未来有关，这也是 AO 模式里的重要概念。相反，如果你对未来无动于衷，并任其发展，则会祸患无穷。

"通过准确地预测未来，你可以看到足够多的东西。让颠覆成为你最大的竞争优势和个人优势。"

AO 模式中的策略还会影响到计划的制订。正如前文提到的，每个人都有自己的计划。但是，现在，当我们制订一个计划时，要注意此计划不仅建立在软、硬趋势以及 AO 模式所提供的确定性和信心的基础上，它也是一个动态的过程，并非一成不变。它需要根据企业内部人员——包括领导、员工、合作伙伴、经销商等其他人——的变化进行调整。你要时刻用预见力思维武装头脑，关注未来。

当然，也可能有其他人在关注未来，但他们与我们的不同之处就在于，我们有 AO 模式及其原则为我们提供的双筒望远镜，它们能使我们更加清晰地预见未来，以使我们在巨变和颠覆的浪潮袭来之前有充足的时间采取预期的行动。这并不是要抛弃那些看起来不再有效的计划，而是基于硬趋势的确定性和基于软趋势的可塑性来调整那些计划，这就使我们更有信心取得更好的结果。

如果你想拥有一个更加光明的未来，你最好努力工作，并为之奋斗；如果你想要更加人性化的未来，我们最好运用科学技术来让它实现。AO模式鼓励你我积极塑造未来，以获取最佳结果。

选择非凡

书是传授新知的重要载体，但它并非唯一的工具。我敢肯定，本书分享的策略和见解已激励你采取了行动，帮助你培养了预见力思维。为了实现这个目标，希望你能够继续使用我们为你开发的另一个强大的交互性工具——AO学习系统，以进一步发展和运用你的预见力技能。

在这个广受赞誉的学习系统中，有大量实际操作和应用工具供你选择，可以让你根据自己的实际情况加以练习。这样你就能进一步了解 AO 模式是如何运用于你的个人生活及职业生涯。

尽管如此，我还要与你分享我的另一个观点，即对未来要持乐观态度。我知道，我们每个人都有能力做不平凡的事情，而且我们每个人都能挖掘出自己内在的出众潜力，这是非常了不起的。事实上，我们都可以决定自己的生活是平凡还是卓越，选择权在我们自己手上。

目前，较为普遍的观点是人天生就与众不同。在某些情况下，这绝对没错。比如，对爱因斯坦（Einstein）和贝多芬（Beethoven）这些名人来说就是如此。但其他成百上千的普通人也可以用自己的方式活出精彩。就拿特蕾莎修女（Mother Theresa）来说，难道她10岁的时候就每天想着，我长大后要成为能改变世界的特蕾莎修女吗？当然没有。但她在人生中的某些时刻选择了卓越，而非平庸。换言之，她选择把每一天都过得不平凡。

你也可以这样做。

大多数人认为，与众不同的人都有着相似的经历。其实并没有那么复杂。他们只是不再考虑去做平凡的事情，而开始考虑去做卓越的事情罢了。他们是怎么做到的？AO模式及其学习体系就是能让所有人从平凡迈向卓越的两个必要因素。

这一切都归结于你的日常思维模式和行为模式。假设你是业务团队中的一员，你对某件提案有疑问。但请在你举手前先想一想：一个优秀的人会怎么问？只要稍作思考，你就能提出更有价值的问题。然后就问吧！你只需花短短几分钟就重塑了自己的思维，增强自己的行动力。每天用AO模式思考问题并做出决定，就能让你不断从平凡一次又一次地转向卓越。

试着这么做，你就会被这种效果所震撼。这与生来不凡或奇迹般的顿悟无关，而是多花一点时间去思考怎么将自己的行为提升到一个新水平。

我敢保证，过一段时间，人们就会对你说："哇，你真棒！"为什么他们会这么说？因为你以追求卓越的态度去度过每一天，去完成每一件事。一位优秀的母亲今天会对她的儿女做什么？一位优秀的父亲会做什么？一位优秀的丈夫会为妻子做些什么？一名优秀的首席执行官会如何掌管公司？优秀的经理又会如何带领团队？

最终你处理所有事的水平都会提高。你将借由自身的想法和行动去主动引导未来，而这会对你自身及身边人产生深远影响。

让 AO 模式成为日常习惯

刚刚读完本书的你已开始了预见力思维的收获之旅，它能让你以充足的信心预测未来，并塑造未来。

所以关注未来之后，你就该考虑下一步该怎么走。

不管你的答案多么不同，我能做的只是敦促你把 AO 模式中的各个因素运用到日常生活中。不管是通过书中的概念辨别软、硬趋势，还是运用略过原则应对挑战从而加速前进，预见力思维不会凭空而来，你只能通过不断的练习和实际运用才能掌握它。

为此，你可以考虑以从备受赞誉的 AO 学习体系中学到的知识作为提升预见力的核心。本书不像其他书是静态的，本书教给你的方法能被运用到你的工作和现实生活中去。在那里，你不仅能重温 AO 模式中的核心原则，还能结合个人经历，通过应用工具、实际操作和练习来提升预见力技巧。更多资讯请登录 AnticipatoryLeader.com。

就像本书的标题，你要在你的企业中建立并培养一种预见力思维心态。正如我在前文所讨论的，一个人有信心预测未来并满怀信心做出决定是一件意义非凡的事。同样，一个企业的领导和管理层拥有了同样的心态，对企业今后的生存和发展都大有裨益，未来将有大把的机会等待着他们。

你可以从过去吸取教训，但你不能改变过去。你能做的是通过今天的所作所为改变未来。通过预测问题、巨变和颠覆性机遇，你就能用以前看似不可能的方式塑造未来。

不管作为预期企业抑或个人——你一定能以非凡的方式塑造一个积极的未来。

附录 1 已被证实的塑造未来的 25 条策略

1.利用硬趋势的确定性改变计划;

2.利用软趋势的可塑性影响未来;

3.运用兼容原则提升规划;

4.利用具备确定性的硬趋势提升业绩;

5.基于塑造未来的硬趋势,提升自己的未来观,并与他人保持一致;

6.专注于改变流程、产品及服务;

7.成为加速结果的颠覆者;

8.利用三个数码加速器预测变化速度;

9.进行日常创新和指数级创新以转变结果;

10.增进信任,以促进成功;

11.终结新、旧员工之间的争执,加强创新与合作;

12.运用 8 种硬趋势路径加速创新;

13.通过重新定义、重新塑造产品与服务,超越竞争;

14.通过预先剖析,以加速成功;

15.利用硬趋势转变风险管理方式;

16.运用反向法则加速创新和解决问题;

17.识别并预先解决可预测的问题,以促进成功;

18.运用略过原则,更快地前进;

19.成为具有前瞻性和机敏性的机会经理人;

20.学会让失败快速过去,以促进成功;

21.预测客户需求,以促进成功;

22.充分利用时空旅行法思维,以提升沟通能力;

23.奖励所期望的行为,以促进成功;

24.转变你的沟通和协作方式;

25.选择在日常生活中卓尔不群,提升个人的实用技能,促进成功。

附录 2 原则和关键术语的定义

打造预见力企业。预见力企业是指那些把将要发生的硬趋势和可能发生的软趋势分开的方法应用到其创新和决策过程中的组织。这些企业的员工明白，那些能够最准确地预见未来的人拥有极大的优势。他们积极接受这样的事实，即未来的许多巨变、问题及改变游戏规则的机会是可以预见的，并且代表了获得优势的崭新方式。员工们知道，最好将可预见的问题在萌芽状态解决，而且那些可预测的问题往往蕴含着重大机遇。他们明白，基于塑造未来的硬趋势，预期意味着修改计划，使其与时俱进，避免在被执行前已经过时。基于科学的确定性，他们对未来有着共同的看法，这使他们充满信心和力量。（参见确定性科学。）

预见力思维模式。那些重视积极塑造未来力量的人在颠覆发生前，通过运用打造预见力企业模型预测它们，将其转变为一种选择，并在问题发生前，预先识别并解决。他们在当前取得成果，不断寻找新的机会，以促进创新和成果转化。

兼容原则。为了更准确地预见技术驱动变革的未来,应用兼容原则非常重要。我们常常用非此即彼的假设来对待创新:要么保留旧的,要么接受新的。但是,这并不是一个非此即彼的世界——而是一个两者兼容的世界:有纸化与无纸化,网络在线与面对面,数字与模拟,旧媒体与新媒体,大型机与智能手机。通过以创新的方式融合新、旧两种不同的事物,你就可以创造出他人难以企及的更高的价值。有问题的不是遗留的系统,而是传统思维!

伯勒斯带宽定律。伯勒斯于 1983 年首次提出伯勒斯数字带宽定律。该定律指出,如果价格下降一半,每 18 个月带宽将翻一番。带宽是指电子通信设备或系统的传输容量,即数据传输的速度。你可能还记得 20 世纪 90 年代中期下载一份大文件需要花多长时间,那与今天的视频流媒体功能相比是非常缓慢的。(参见计算能力和伯勒斯数据存储定律。)

伯勒斯数据存储定律。伯勒斯于 1983 年首次提出伯勒斯数据存储定律。该定律指出,价格每下降一半,数据存储容量则每 18 个月翻一番。数据存储是指维护、管理和备份数据的方法。你可能还记得,与今天的闪存驱动器、智能手机及看似存储无限数据的虚拟服务器相比,20 世纪 90 年代中期的电脑硬盘是多么庞大、昂贵。(参见计算能力与伯勒斯带宽定律。)

伯勒斯反向法则。伯勒斯于 1983 年首次提出伯勒斯反向法则。它指出,通过反方向考虑问题的解决、产品、服务及核心概念,无形的机会和创新方法会变得清晰可见，从而使你既能创新，又能更快地前进，在没有人关注的方向做没有人做的事。

确定性。基于确定性的战略拥有较低的风险。不确定性虽然可以打开销售的大门，但确定性才是最终管控的工具，这是因为它提供了肯定的信心。（参见确定性科学和不确定性。）

改变。改变意味着创造或变得不同。它是一个渐进的过程，且变化前后情况类似。（参见变革。）

选择与众不同或选择卓越。促进个人成功和组织成功最有效的方法之一就是选择在日常生活中表现非凡。在人生中的某个时刻，一个优秀的人开始做一些普通人没有做的事情。变得与众不同的关键是要意识到你每天都可以选择以非凡的方式做要做的任何事情。做任何活动前，花几分钟时间先问问自己，一个非凡的人会怎么做，然后再去做，而不是按照自己想的那样去做。随着时间的推移，人们觉得你很特别，那是因为你的确与众不同。

计算能力。摩尔定律指出，若价格下降一半，则机器的处理能力，即其执行操作的速度将每 18 个月翻一番。例如，从一个 5 兆赫的芯片到 500 兆赫的芯片需要 20 年的研发时间。在此基础上要使其计算速度增加一倍，只需要 8 个月的时间就可以研发出来，而这在几年前就可以做到了。在翻倍的过程中会发生可预测的指数级变化，刚开始时变化缓慢，然后快速增长。摩尔定律与我们的设备中芯片的处理能力有关。目前，设备中的处理器并不像使设备接入云中的超级计算机那么重要。指数级变化将会在这里持续下去。每一次设备计算能力的进步都会带来惊人的巨变和机遇。（参见伯勒斯带宽定律和伯勒斯数据存储定律。）

聚合（通往创新的硬趋势路径）。就像我们在智能手机上所做的那样，可以将其特点与功能融合在一起，也可以将整个行业融合起来。如果你能够使用硬趋势预测那些将要融合的行业的话，你就可以预见未来。这将会创造新的竞争以及新的客户和战略合作伙伴。

合作与协作。与协作相比，合作是层次较低的活动。合作是因为你不得已为之，而协作是因为你想要协作。合作是建立在资源稀缺性的基础之上——"我想保护、捍卫我的这块蛋糕"。与之相反，协作是建立在资源丰富的基础上，意味着"我们将如何共同努力，为每个人创造一个更大的蛋糕"。合作具有收缩性和排他性，协作具有广泛性和包容性。协作是各方在真诚的沟通交流中共同努力创造理想的结果。

周期性变化。周期性变化指以某种有序的方式发生的、周而复始的任何变化（生物周期、季节周期、经济周期），类似于钟表的来回摆动。经济学家擅长利用周期预测未来，但他们常常忽略线性和指数级变化。（参见线性变化和指数级变化。）

非物质化（通向创新的硬趋势路径）。非物质化通过缩减我们所使用的工具和所依赖产品的尺寸大小，在提高它们的容量和性能的同时，减少生产它们所需的材料数量，以使我们找到增加价值的新方法。你可以通过思考"如果它的尺寸变得更小一点，会有什么更大的价值"这一问题来找到新的创新方法。我们有不断制造更小的东西的能力，这是一项强有力的创新策略。

人口统计的硬趋势。这种硬趋势是由人口统计学推动的，如婴儿潮一代的老龄化问题。这样的例子还包括：带来可预见问题和机会的婴儿潮退休一代，以及那些想要以不同方式学习和工作的千禧一代。（参见技术硬趋势和监管硬趋势。）

富足经济。富足经济被定义为通过生产和消费无限的、非物质的东西创造经济价值及财富。20 世纪最富有的人靠从地球上获取"稀缺"资源，把其生产成产品卖给消费者来创造财富。与 20 世纪最富有的人不同，如今的富人们通过开发软件、提供服务来发家致富。虚拟化、云计算、无线网络和先进的移动设备都是创造富足经济的最好例子。（参见稀缺经济。）

稀缺经济。从历史上来看，我们的经济模式是建立在物质产品和服务的生产与消费基础上的，其中每笔交易都消耗有限的资源。如果我卖给你一英亩土地、一卡车木材或者一桶石油，那么我自己的产品和资源供应也都消耗同样的数量。经济学之所以被称为"沉闷的科学"，是因为它是研究正在进行的消耗过程的学科。（参见富足经济。）

接受与拓展。这个策略是指接受即将发生的硬趋势，即使它们不利于你当前的产品与服务。随后,运用这种变化的力量延长企业现有盈利模式(现金奶牛)的寿命,并创造新的在未来有远大发展前景的盈利模式。(参见保护与防御。)

日常创新。当我们想到创新的时候,我们常常会想到那些颠覆整个行业或创造新产品或服务的重大创新,这种类型的创新从构思到实施需要很长时间,并不经常发生,只有小部分员工参与其中。而日常创新通过提供简单易用的快速解决问题的方法,以及在问题发生前识别预先解决问题的方法,使全体员工每天都能找到创造性地解决日常问题的方法。它还涉及利用8条创新途径将无形的机会转变为有形的创新。

指数级变化。即开始时变化缓慢,然后迅速增长。线性变化曲线遵循着从1开始,然后是2、3等的序列变化。指数级变化演示了加倍的过程,从1开始,接着是2、4、8等依次递增。可以想象,从1美分开始,然后每天倍增。明天,将拥有0.02美元;后天,0.04美元;然后是0.08美元,依次类推,到本周末,你将会拥有0.64美元。两周后它将增长到81.92美元。此时不要太过激动。到了第28天,仅仅4周之后,它将超过100万美元;到第31天,你将拥有超过1000万美元。这就是指数级变化。(参见周期性变化和线性变化。)

指数级创新。这是一种重要的、颠覆性的创新形式,它呈指数递增,可以颠覆整个行业或创造全新的产品和服务。

快速走出失败原则。未来成功生活的一部分就是与我们最宝贵、被低估的资源之一——失败——建立一种新的关系。我们最宝贵的人生经验永远不会来自我们的成功——它们往往来自我们的失败。失败的最大问题不是失败本身，而是我们常常沉浸在失败中几年甚至数十年，这使我们变得颓废，止步不前。学会快速走出失败，迅速认清失败，然后立即行动，从而使失败从负担转变为一种资产。事实上，它就成为促进成功的重要工具。

未来思维。它描述了期待在生活和工作领域使用新技术和新设备的那部分人的思维倾向。他们懂得设备、软件、应用程序以及推动新设备的创新应用。他们有强烈的意愿去尝试最新的设备和软件。因此，他们通常首先获得新技术。他们有一种"最好的日子还未到来"的观点，常常没有耐心，总觉得世界变化得太慢。（参见当前导向型及过去导向型。）

未来观原则。未来观原则认为你对待未来的看法会决定你今天的行为，而你现在的行为反过来又会影响未来。改变你的未来观，将改变你的未来。你的未来观决定你的未来。

如果不基于塑造未来的硬趋势提升你的未来观，你的未来将远低于它本可以达到的水平。明显可以看出，黑莓手机公司的未来观与苹果公司不同，与奈飞公司不同。这些公司不同的未来观正在影响它们未来的发展。如果能够基于塑造未来的硬趋势和转型变革来提升自己的未来观，那么将有利于个人和组织的未来发展。（参见共享未来观。）

全球化（通向创新的硬趋势的路径）。技术进步使得全球化成为可能。从古老的帆船、海底电话线、飞机，到今天的多媒体通信，新的技术全球化达到了一种新的水平。全球化的深度与广度也是如此。制造商在世界各地的市场上销售其产品是全球化程度较低的一个例子。更高水平的全球化是一家制造商为世界各地不同的市场定制不同的产品。公司的高级管理人员是经常到其他国家出差还是来自其他国家？两者都代表着不同程度的全球化。

硬假设。硬假设是指我们有"良好数据"支持的软趋势的一种基本假设。基于硬假设的软趋势是更有可能发生的趋势。如果你的策略依赖于这种软趋势，你的风险水平就会降低。（参见软假设。）

硬趋势。硬趋势是一种将会发生的趋势，基于可测量的、有形的、完全可预测的事实、事件或对象。硬趋势无法改变。硬趋势的三个主要类别是人口统计、政府法规和技术。（参见软趋势。）

信息与沟通。信息时代是关于信息的时代。信息是静态的、单向的和被动的，并不总是产生行为。沟通时代是关于交流的时代。沟通是动态的、双向的和主动的，它常常会引起行动。沟通时代的主要工具是社交媒体。

互动（通向创新的硬趋势的路径）。我们同时使用的多种类型的媒体互动能力正在不断增强，这代表了我们刚刚领悟的一次巨大飞跃。在与所用媒体的动态交互过程中，我们获得了全新的且强有力的与所有事物进行交互的能力。

带宽定律(参见伯勒斯带宽定律)。

数据存储定律(参见伯勒斯数据存储定律)。

反向法则(参见伯勒斯反向法则)。

线性变化。与周期性变化不同,线性变化是单向的,不重复的。线性变化在图表上常常表现为沿某一方向的直线变化。三种数码加速器就是采用这种单向变化,并以指数级递增,将单向线性变化曲线转变为指数级变化曲线,开始时缓慢,然后以越来越快的速度上升。(参见周期性变化和指数级变化)

移动化(通向创新的硬趋势路径)。移动化是通过硬件和软件革命实现的,硬件革命指使用智能手机、可穿戴设备和平板电脑等越来越智能的设备,而软件革命指使用移动应用程序连接云端功能强大的超级计算机。硬件革命与软件革命使移动性在生活或工作中的任何时间、任何地点成为现实,并改变了人们的工作及生活方式。

网络化(通向创新的硬趋势路径)。我们将进一步推动有线、光纤和无线网络的快速发展,这有利于更加密切地将人、地点及事物联系在一起。此外,有形和虚拟网络也都会呈指数级增长。不断扩大的带宽网络接入的个体越多,我们通过该网络提供的活动和服务的种类就越多样化,进而降低成本,增加附加值。

机会管理者。我们把大多数时间都花费在克服危机、反应和应对变化上，这样的情况被称为危机管理。机会管理者也需要花费时间做出反应及调整，但他们明白未来是我们所有人将度过余生的地方。他们认为有必要花时间思考未来，并为之做好规划。机会管理始于每周至少花一小时思考和规划未来的做法。一个机会经理人会花时间研究塑造未来的硬趋势，并抓住机会采取行动。

过去导向型。这描述了那些更偏爱过去事情的人的思维倾向。由于这类人认为他们过去使用的设备与流程已得到验证且运作良好，他们往往抗拒变化，最晚接受新技术。他们的世界观常常是这样的："世界变化太快了""未来看起来不是很好"或者"美好的旧时光已经过去了"。（参见当前导向型与未来导向型。）

预先行动。这意味着在未来已知事件发生前预先采取积极的行动。（参见前瞻性。）

预先剖析。在项目开始前预先识别并消除预测到的会阻碍计划、产品或服务获得成功的障碍。

当前导向型。它描述了那些更偏爱使用当前技术的人的思维倾向。这类人常常直到其他人已证实或已使用新的方法和设备后，才会开始发生转变。他们更倾向于保持现状，并投入时间努力跟上。他们的世界观一般可以描述为"如果它没有被打破，就不要去修复"。（参见过去导向型和未来导向型。）

积极主动。积极主动意味着马上采取积极的行动。这一术语的问题在于你必须用时间来检验你所采取的行动是否积极主动

（参见预先行动。）

产品智能（通向创新的硬趋势路径）。产品智能指的是将智能应用于产品中的程度。机器之间的通信（M2M）和物联网将网络传感器、通信，甚至智能应用到基础设施、交通工具、农场和其他方面。

保护和防御。这是不同规模的企业在面对外部变化或颠覆时采取的默认策略。企业花时间和金钱保护他们现有的一贯沿用的盈利模式，并捍卫"我们一直都这样做"的方式。这通常会导致企业的失败。（参见接受与拓展。）

重新定义与再创造。事情发生之前，采取抓住机会重写其历史的策略。变革是一种加速、被放大的变化力量。重新定义与再创造是利用这种巨大力量并将其应用于产品、服务、行业或事业的方式。变革是一种硬趋势，而重新定义与再创造是一种软趋势。无论我们愿意与否，变革都将在我们身上和周围发生。另一方面，只有当我们下定决心去做时，重新定义与再创造才会发生，如果我们不这样做，别人就会去做。

监管硬趋势。它是指由政府法律和法规如网络安全和环境保护法驱动的硬趋势。例如：技术进步将不断提高产品的能源利用率，有利于节约资金和保护环境。监管机构应及时更新其要求，制定新的监管法规。（参见技术硬趋势和人口统计硬趋势。）

确定性科学。这是根据硬趋势必然发生的特性来定义的一套系统的知识体系。理解硬趋势与软趋势之间的差异，使我们将未来事实与假设结果——未来可能性——区分开来。基于不确定性的个人或商业策略有很高的风险。基于确定性的策略风险较低。不确定性为销售提供了可能性，但确定性才是最终管控的工具，这是由于其提供了肯定的信心。（参见确定性和不确定性。）

共享未来观。未来观原则能够以强有力的方式应用于组织。如果不同的员工对他们共同工作的组织持有不同的未来观，那么，整个组织很难以更高效的方式向前推进。此外，组织中可能存在大量为组织创造价值并计划离职的员工。那些愿意留下的员工和计划离开的员工有什么区别呢？那就是他们对组织的未来观不同。未来观原则也适用于客户、原料供应商及中间品供应商。如果他们都有不同的未来观，那么很难以协作的方式共同创造未来。（参见未来观原则。）

略过原则。略过问题的关键是你要明白你所面临的挑战或问题不管有多大都不是问题。问题或挑战看似如此之大且无法解决的原因在于没有真正认清问题。略过问题的表面，你才能发现真正的问题，并找到更好的解决方案。

软假设。软假设不是基于研究或数据，而是基于观点或直觉的本能。基于软假设的软趋势发生的可能性很小，如果你的策略依赖于这种软趋势，你就会冒很大的风险，很快就会陷入困境。（参见软趋势和硬假设。）

软趋势。软趋势虽然是一种基于目前看似合理的假设和可能发生的趋势,但它并不是未来的事实。软趋势可以被改变。它要么基于硬假设使软趋势可能发生,要么基于软假设使软趋势不太可能发生。(参见硬假设和软假设。)

技术硬趋势。这类硬趋势都是技术驱动的。各种规模的组织越来越多地使用生物识别技术如指纹和面部识别来提高安全性,以及越来越多使用云计算,都是技术硬趋势应用的典型例子。(参见监管硬趋势与人口统计硬趋势。)

三类数码加速器。计算能力、数字存储和带宽的指数级增长代表了三类数码加速器。自 1983 年以来,伯勒斯研究机构一直在追踪这三类数码加速器的研究。在过去的 30 年间,关于这三者的研究都以可预测的方式取得了进展,并为技术驱动的变革和转型创建了精准的时限。所有的商业流程都直接受这三个数码加速器的影响。硬趋势定义了"什么"会发生,三个数码加速器提供了"发生的时间"。就这一点而言,它们正在推动着每个业务流程的转变。(参见计算能力、伯勒斯带宽定律及伯勒斯数据存储定律。)

时空旅行法。这是一种以时间为导向的思维模式评估体系,用以判断一个人的思维倾向是过去导向型、当前导向型还是未来导向型。了解员工、客户或个人的思维倾向有助于领导者和整个团队懂得如何加强组织内部的沟通和协作。当你了解你所面对的人的思维倾向时,你可以理解他们,并在不知不觉中将他们的思维倾向引向更有利的时间导向。(参见过去导向型、当前导向型和未来导向型。)

变革。变革意味着做一些完全不同的事情。变革是一种加速的、放大的变化力量。从某种意义上讲,变革是一种硬趋势。无论我们愿意与否,技术驱动的变革将发生在我们身上及周围。(参见改变。)

信任。一切良好的关系都是建立在信任的基础上的,信任是通过信守承诺、诚实及正直等价值观念赢得的。信任是指坚定地相信某人或某事的完整性、能力或性格,以及对某人或某事的信心或信赖。不论大公司还是小公司都有可能无意间破坏信任,或许更糟糕的是丧失客户的信任。现在和未来成功的关键是,在实施变更之前战略性地考虑任何变化对信任造成的影响,尽可能增进彼此间的信任。

不确定性。我们生活在充满不确定性的世界上。基于不确定性的策略往往具有高风险。不确定性为销售带来可能,但是如果在交易的最后潜在客户仍是不确定的,交易很有可能会失败。(参见确定性科学和确定性。)

虚拟化(通向创新的硬趋势路径)。虚拟化是厂商通过虚拟化的软件对用户按需提供服务,因此,你无须拥有、托管或管理它,使用软件的客户向厂商支付费用。这就是所谓的软件即服务(SaaS),SalesForce.com 就是一个早期案例。我们还可以虚拟化诸如协作之类的服务,以及包括服务器、私有云和网络在内的任何 IT 基础设施。

致　谢

　　每一项伟大的发明、重大的创新或有价值的成就，其诞生和存在都归功于合作的创造性过程。这一点在本书的构思、起草和创作阶段表现得最为真实。对此，我的感激之情难以言表。

　　感谢伯勒斯研究机构的市场营销副总裁珍妮佛·梅特卡夫女士，是她帮助我们研发了此学习系统，并阅读了各个阶段的手稿。她自始至终协调了整个项目，并以各种方式做出了贡献。

　　感谢我的爱妻莎伦，她以其非凡的领导能力和远见，以及她作为企业家和首席执行官的广泛经验、见解和观点，为本书提出许多参考意见。

　　感谢来自世界各地数以千计的企业领导人，他们无论来自《财富》杂志500强公司还是来自初创公司，都参与了我们的打造预见力企业模型的学习，并成功应用了促使成功的七大原则，从而将数字化颠覆和变革转化为他们最大的优势。他们创新成功的惊人的励志故事激励我们书写此书，与我们的读者分享这些原则。

感谢格林利夫图书集团的优秀团队，感谢你们的合作——正是在你们的帮助下我们才能将此书付梓。

作者简介

　　丹尼尔·伯勒斯是世界公认的著名科技预测师和创新专家之一。他是伯勒斯研究公司（Burrus Research）的首席执行官。伯勒斯研究公司是一家专注于未来的研究咨询服务公司，它时刻关注全球科技发展趋势，帮助企业在科技、社会、商业等因素渐趋融合的背景下获得利益、创造前所未有的巨大商机。

　　在过去的 35 年间，丹尼尔·伯勒斯以其对未来科技发展趋势的精准预测及其对商界的直接影响享誉全球。

　　他是《财富》500 强企业的战略顾问。他能基于自己研究的成果帮助企业制定颠覆性策略，并以技术创新和未来趋势加速成功。他的客户包括通用电气公司、美国运通公司（American Express）、谷歌、东芝（Toshiba）、宝洁（Procter&Gamble）、本田（Honda）、埃克森美孚公司（ExxonMobil）和 IBM 等多家公司。

　　丹尼尔·伯勒斯共出版有 7 本著作，包括《纽约时报》和《华尔街日报》（*The Wall Street Journal*）记载的畅销书《理解未来的 7 个原则：如何看到不可见，做到不可能》(*Flash Foresight*)和备受好评的《利用技术赢得竞争》(*Technotrends*)。同时，他还是一位有着数百万读者的专栏作家，对创新、变革和未来等话题有着独到见解。

伯勒斯曾是美国公共电视台(PBS)特别节目的专题人物，多次受邀于美国有线电视新闻网（CNN）、福克斯商业频道（Fox Business)和彭博社（Bloomberg)。他还为《哈佛商业评论》(*Harvard Business Review*)、《华尔街日报》、英国《金融时报》(*Financial Times*)、《财富》(*Fortune*)和《福布斯》(*Forbes*)等多家刊物撰稿。

伯勒斯还是一位极具创新精神的企业家。他创办并管理了6家企业，其中3家在创办后的第一年就成了美国同行业的领头羊。

《纽约时报》称赞伯勒斯是商界最受欢迎的三大讲师之一。他在全球做过2800多次主题演讲，听众多达1.4万人。

有关丹尼尔·伯勒斯的更多信息请访问其个人网站 www. burrus. com。